enVision® Matemáticas

Volumen 1 Temas 1 a 8

Autores

Randall I. Charles
Professor Emeritus
Department of Mathematics
San Jose State University
San Jose, California

Jennifer Bay-Williams
Professor of Mathematics Education
College of Education and Human
Development
University of Louisville
Louisville, Kentucky

Robert Q. Berry, III
Professor of Mathematics Education
Department of Curriculum,
Instruction and Special Education
University of Virginia
Charlottesville, Virginia

Janet H. Caldwell
Professor Emerita
Department of Mathematics
Rowan University
Glassboro, New Jersey

Zachary Champagne
Assistant in Research
Florida Center for Research in
Science, Technology, Engineering, and
Mathematics (FCR-STEM)
Jacksonville, Florida

Juanita Copley
Professor Emerita, College of Education
University of Houston
Houston, Texas

Warren Crown
Professor Emeritus of Mathematics
Education
Graduate School of Education
Rutgers University
New Brunswick, New Jersey

Francis (Skip) Fennell
Professor Emeritus of
Education and Graduate and
Professional Studies
McDaniel College
Westminster, Maryland

Karen Karp
Professor of Mathematics Education
School of Education
Johns Hopkins University
Baltimore, Maryland

Stuart J. Murphy
Visual Learning Specialist
Boston, Massachusetts

Jane F. Schielack
Professor Emerita
Department of Mathematics
Texas A&M University
College Station, Texas

Jennifer M. Suh
Associate Professor for
Mathematics Education
George Mason University
Fairfax, Virginia

Jonathan A. Wray
Mathematics Supervisor
Howard County Public Schools
Ellicott City, Maryland

SAVVAS
LEARNING COMPANY

ISBN-13: 978-0-13-496278-8
ISBN-10:   0-13-496278-8

5   22

Recursos digitales

¡Usarás estos recursos digitales a lo largo del año escolar!

Visita SavvasRealize.com

 Libro del estudiante
Tienes acceso en línea y fuera de línea.

 Aprendizaje visual
Interactúa con el aprendizaje visual animado.

 Evaluación
Muestra lo que aprendiste.

 Cuaderno de práctica adicional
Tienes acceso en línea y fuera de línea.

 Amigo de práctica
Haz prácticas interactivas en línea.

 Herramientas matemáticas
Explora las matemáticas con herramientas digitales.

 Glosario
Lee y escucha en inglés y en español.

SAVVAS realize ™ Todo lo que necesitas para las matemáticas a toda hora y en cualquier lugar.

Contenido

Recursos digitales en SavvasRealize.com

TEMAS

¡Recuerda que tu Libro del estudiante está disponible en SavvasRealize.com!

Aquí se muestra cómo puedes usar marcos de diez para formar un 10.

TEMA 1
Sumar y restar con fluidez hasta el 20

Aquí se muestra cómo puedes usar cubos conectables para saber si un número es par o impar.

8 es par.
$4 + 4 = 8$

9 es impar.
$5 + 4 = 9$

TEMA 2
Trabajar con grupos iguales

Aquí se muestra cómo puedes sumar números de dos dígitos usando una tabla de 100.

54 + 18 = 72

51	52	53	54	55	56	57	58	59	60
61	62	63	64	65	66	67	68	69	70
71	72	73	74	75	76	77	78	79	80

TEMA 3
Usar estrategias para sumar hasta 100

Aquí se muestra una manera de juntar decenas y unidades para hallar __ + 59. Se muestran dibujos de bloques de valor de posición que se reagrupan.

8 decenas

15 unidades o 1 decena 5 unidades

TEMA 4
Sumar hasta 100 con fluidez

SavvasRealize.com

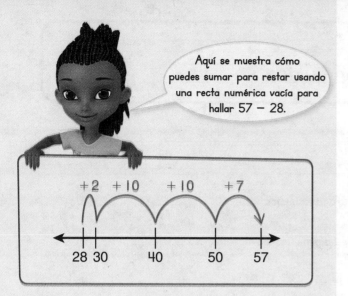

Aquí se muestra cómo puedes sumar para restar usando una recta numérica vacía para hallar 57 − 28.

TEMA 5
Usar estrategias para restar hasta 100

Aquí se muestra cómo puedes usar bloques de valor de posición para hallar 34 − 6 reagrupando.

Decenas	Unidades

2 decenas 8 unidades

TEMA 6
Restar hasta 100 con fluidez

Aquí se muestra cómo se pueden usar los diagramas de barras para representar y resolver un problema de dos pasos.

Tere ve 15 pájaros amarillos y 16 pájaros rojos. Algunos pájaros se van volando y ahora Tere ve 14 pájaros. ¿Cuántos pájaros se fueron volando?

TEMA 7
Más resolución de problemas de suma y resta

Aquí se muestra cómo contar hacia adelante para hallar el valor total.

Mirna tiene las siguientes monedas. ¿Cuántos centavos tiene Mirna en total?

50¢   75¢   85¢   90¢   91¢

TEMA 8
Trabajar con la hora y el dinero

SavvasRealize.com

TEMA 15 en Volumen 2
Gráficas y datos

SavvasRealize.com

Manual de Prácticas matemáticas y resolución de problemas

El **Manual de Prácticas matemáticas y resolución de problemas** está disponible en SavvasRealize.com.

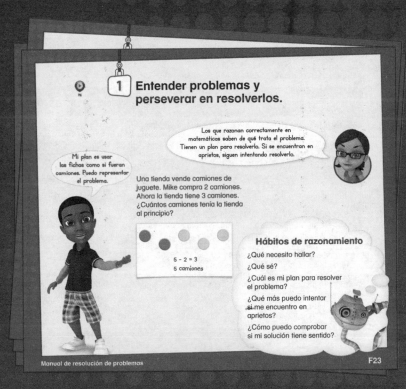

Prácticas matemáticas

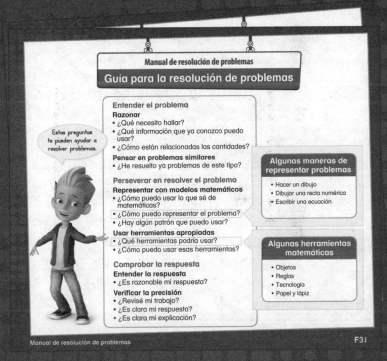

Guía para la resolución de problemas

Resolución de problemas: Hoja de anotaciones

Sumar y restar con fluidez hasta el 20

Pregunta esencial: ¿Cuáles son las estrategias para resolver operaciones de suma y resta?

Recursos digitales

Libro del estudiante Aprendizaje visual Práctica

Evaluación Herramientas Glosario

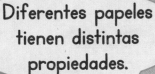

¡Fíjate en estos tipos de papel!

Diferentes papeles tienen distintas propiedades.

¡Qué interesante! Hagamos este proyecto para aprender más.

Proyecto de enVision STEM: Material de matemáticas

Investigar Reúne diferentes tipos de papel. Comenta cuáles son los usos del papel. Fíjate en la dureza de cada tipo de papel. ¿Cómo se siente al tacto? Comenta si el papel puede absorber agua.

Diario: Hacer un libro Muestra en un libro lo que averiguaste. En tu libro, también:

- pega muestras de papel y comenta lo que averiguaste.

- escoge un tipo de papel para hacer tarjetas relámpago de operaciones de suma y resta.

Nombre _____

Vocabulario

1. Encierra en un círculo el símbolo de **igual**.

   –

   +

   =

2. Encierra en un círculo el símbolo de **menos**.

   –

   +

   =

3. Encierra en un círculo el número que es el **todo**.

   $4 + 2 = 6$

Cuentos sobre resta

4. Hay 7 pájaros en la valla. 2 se van volando. ¿Cuántos pájaros quedan?

   _____ pájaros

Cuentos sobre suma

5. Escribe una ecuación para resolver el problema.

   Carla dibuja 4 estrellas grandes. Luego, dibuja 2 pequeñas. ¿Cuántas estrellas dibuja en total?

   _____ + _____ = _____

Formar 10

6. Escribe una ecuación que muestre esta manera de formar 10.

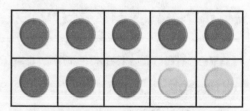

   _____ + _____ = _____

PROYECTO 1A

¿Qué tiene 8 patas y es grande y peludo?

Proyecto: Haz un cartel sobre los insectos y las arañas

PROYECTO 1B

¿Cuáles son algunos datos curiosos sobre el agua?

Proyecto: Reúne información sobre el agua

PROYECTO 1C

¿Has visto antes este tipo de arte?

Proyecto: Crea un *collage* de formas

Antes de ver el video, habla con un compañero:

¿Quién tiene más mascotas? ¿Quién tiene menos hermanos? ¿De qué cosa tienen los dos la misma cantidad? ¡Podemos comparar cualquier cosa!

Puedo...
representar con modelos matemáticos problemas relacionados con sumar y restar.

Resuélvelo y coméntalo

Usa cubos. Muestra 2 + 5 y 5 + 2.

Resuelve los dos problemas. Explica en qué se parecen y en qué se diferencian los problemas.

Puedo...

contar hacia adelante para sumar y sumar en cualquier orden.

También puedo razonar sobre las matemáticas.

Puedes contar hacia adelante para hallar 6 + 3.

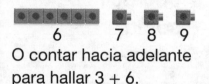

6　　7　8　9

O contar hacia adelante para hallar 3 + 6.

3　4　5　6　7　8　9

¡Es más fácil contar hacia adelante desde el número más grande!

Una **ecuación** usa un signo igual (=) para mostrar que el valor de la izquierda es el mismo que el valor de la derecha.

6 + 3 = 9

3 + 6 = 9

Puedes cambiar el orden de los **sumandos**.

6　+　3　=　9

3　+　6　=　9

La suma es la misma.

sumando sumando **suma o total**

Puedes sumar en cualquier orden y obtener la misma suma o total.

Por tanto, 6 + 3 = 3 + 6.

También puedes escribir las operaciones de esta manera.

$$\begin{array}{r} 6 \\ +\,3 \\ \hline 9 \end{array} \qquad \begin{array}{r} 3 \\ +\,6 \\ \hline 9 \end{array}$$

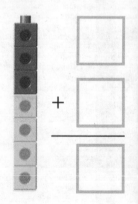

¡Convénceme!

¿Es 5 + 2 = 2 + 5?

¿Cómo lo sabes?

Práctica guiada　Cuenta hacia adelante para hallar la suma o total. Luego, cambia el orden de los sumandos.

1.

3 + 1 = __4__

__1__ + __3__ = __4__

2.

$$\begin{array}{r} 4 \\ +\,3 \\ \hline \end{array}$$

$$\begin{array}{r} \\ +\, \\ \hline \end{array}$$

Tema 1 | Lección

Herramientas   Evaluación

☆ **Práctica** ☆
independiente

Cuenta hacia adelante para hallar la suma. Luego, cambia el orden de los sumandos. Usa cubos si es necesario.

3. 8 + 2 = _____

_____ + _____ = _____

4. 8 + 5 = _____

_____ + _____ = _____

5. 9 + 3 = _____

_____ + _____ = _____

6. 8 + 7 = _____

_____ + _____ = _____

7. 7 + 10 = _____

_____ + _____ = _____

8. 7 + 9 = _____

_____ + _____ = _____

9.

```
    7          □
 +  2       + □
 ─────      ───
    □          □
```

10.

```
    6          □
 +  2       + □
 ─────      ───
    □          □
```

11.

```
    5          □
 +  6       + □
 ─────      ───
    □          □
```

12. Álgebra Escribe los números que faltan.

6 + _____ = 4 + 6

6 + _____ = 5 + 6

9 + 3 = 3 + _____

8 + 2 = _____ + 8

_____ + 7 = 7 + 4

_____ + 8 = 8 + 4

Tu dibujo y tu ecuación mostrarán el problema.

13. **Representar** Rosi tiene 8 plantas de frijoles y 6 de maíz en su patio. ¿Cuántas plantas tiene en total? Haz un dibujo para explicar tu razonamiento. Luego, escribe la operaciones de este cuento con los sumandos en otro orden.

_____ + _____ = _____

_____ + _____ = _____

14. **Razonamiento de orden superior**
Halla en los recuadros 1 y 2 dibujos que sean iguales. Escribe una ecuación para mostrar cuántos dibujos de cada clase hay. Luego, cambia el orden de los sumandos.

Recuadro 1

Recuadro 2

♥ _____ + _____ = _____ = _____ + _____

❀ _____ + _____ = _____ = _____ + _____

❀ _____ + _____ = _____ = _____ + _____

15. ☑ **Práctica para la evaluación** ¿Qué opción muestra cómo contar hacia adelante para resolver 7 + 5?

Ⓐ 7. . . 8, 9, 10, 11, 12

Ⓑ 1, 2, 3, 4, 5

Ⓒ 7 – 5

Ⓓ 7. . . 8, 9, 10, 11

Nombre _____

Resuélvelo y coméntalo

Usa fichas. Muestra $6 + 6 = 12$.
Luego, muestra y explica por qué el saber esa operación te ayuda a resolver $6 + 7$.

Puedo...
usar dobles y casi dobles para sumar de manera rápida y precisa.

También puedo buscar patrones.

$$6 + 6 = 12 \qquad\qquad 6 + 7 = \underline{\hspace{2cm}}$$

Halla 7 + 8 y halla 7 + 9.

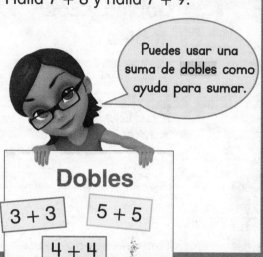

Puedes usar una suma de dobles como ayuda para sumar.

Dobles

3 + 3   5 + 5

4 + 4

Puedes usar la suma de dobles para hallar la suma de **casi dobles**.

Suma de dobles: 7 + 7 = 14

7 + 8 es 1 más que 7 + 7.

7 + 9 es 2 más que 7 + 7.

7 + 8 = 15 y 7 + 9 = 16. Estas son sumas de casi dobles.

¡Convénceme! ¿Cómo podrías usar la suma de dobles 7 + 7 para hallar 7 + 9?

☆**Práctica guiada**☆

Completa las sumas de dobles. Usa las sumas de dobles para resolver las sumas de casi dobles. Usa cubos si es necesario.

1. 2 + 2 = __4__   2 + 3 = _____

2. _____ = 4 + 4   _____ = 4 + 5

3.   3   3   4.   5   5
   + 3   + 4   + 5   + 7
   ▢   ▢   ▢   ▢

Herramientas Evaluación

☆ **Práctica** ☆ **independiente**

Completa las sumas de dobles. Usa las sumas de dobles para resolver las sumas de casi dobles. Usa cubos si es necesario.

5. $6 + 6 =$ _____ $6 + 7 =$ _____

6. $5 + 5 =$ _____ $5 + 6 =$ _____

7. $8 + 8 =$ _____ $8 + 10 =$ _____

8. _____ $= 1 + 1$ _____ $= 1 + 3$

9.
$$\begin{array}{r} 2 \\ +\,2 \\ \hline \square \end{array} \qquad \begin{array}{r} 2 \\ +\,3 \\ \hline \square \end{array}$$

10.
$$\begin{array}{r} 4 \\ +\,4 \\ \hline \square \end{array} \qquad \begin{array}{r} 4 \\ +\,5 \\ \hline \square \end{array}$$

11.
$$\begin{array}{r} 8 \\ +\,8 \\ \hline \square \end{array} \qquad \begin{array}{r} 8 \\ +\,9 \\ \hline \square \end{array}$$

12.
$$\begin{array}{r} 3 \\ +\,3 \\ \hline \square \end{array} \qquad \begin{array}{r} 3 \\ +\,5 \\ \hline \square \end{array}$$

13.
$$\begin{array}{r} 5 \\ +\,5 \\ \hline \square \end{array} \qquad \begin{array}{r} 5 \\ +\,7 \\ \hline \square \end{array}$$

14.
$$\begin{array}{r} 7 \\ +\,7 \\ \hline \square \end{array} \qquad \begin{array}{r} 7 \\ +\,9 \\ \hline \square \end{array}$$

15. Álgebra Completa. Luego, explica cómo resolviste el problema.

$9 + \boxed{} = 18$ $\boxed{} + \boxed{} = 19$

_____

_____

_____

16. **Representar** Juan dibujó 4 casas y luego, dibujó 5 casas más. ¿Cuántas casas dibujó Juan en total?

Haz un dibujo y escribe una ecuación para explicar tu razonamiento.

_____ ◯ _____ = _____ casas

17. **Razonamiento de orden superior** Escoge una suma de dobles. Usa esa suma de dobles para hacer un dibujo que muestre un cuento de casi dobles. Escribe la suma de los casi dobles.

18. ☑ **Práctica para la evaluación**
Katia quiere hallar $6 + 7$.

¿Qué suma de dobles le será más útil?

Ⓐ $4 + 4 = 8$

Ⓑ $6 + 6 = 12$

Ⓒ $8 + 8 = 16$

Ⓓ $9 + 9 = 18$

Nombre ____________________

Lección 1-3
Formar 10 para sumar

Puedo...
formar 10 como ayuda para sumar de manera rápida y precisa.

También puedo razonar sobre las matemáticas.

Resuélvelo y coméntalo ¿De qué manera el pensar en 10 te puede ayudar a resolver 9 + 3?
Usa marcos de 10 y fichas para mostrar cómo lo haces.

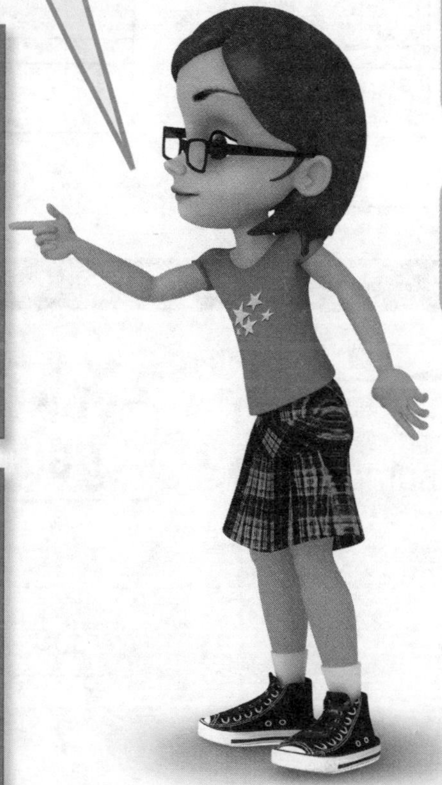

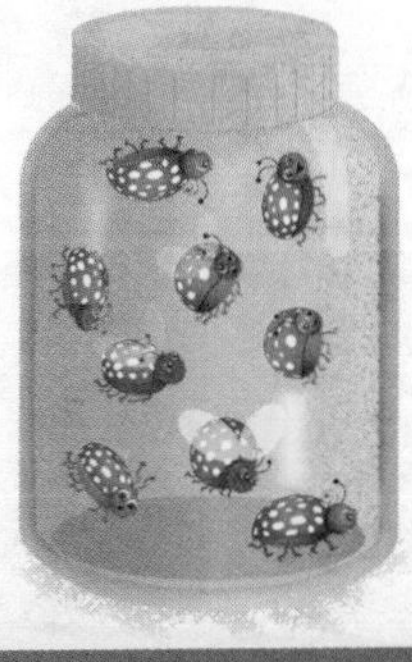

$$\begin{array}{r} 9 \\ +\ 3 \\ \hline \square \end{array}$$

Puedes formar 10 como ayuda para sumar.

$$8$$
$$+ 5$$
$$\boxed{?}$$

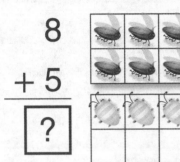

Mueve 2 fichas para formar 10.

Suma con 10.

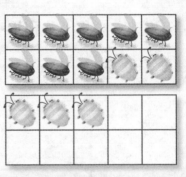

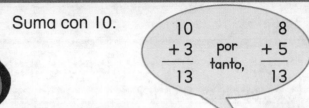

$$10 \qquad\qquad 8$$
$$+\ 3 \quad \text{por} \quad +\ 5$$
$$\overline{13} \quad \text{tanto,} \quad \overline{13}$$

¡Convénceme! ¿Por qué mueves 2 fichas para sumar 8 + 5?

Forma 10 para sumar.
Usa fichas y marcos de 10.

1.
$$7$$
$$+ 4$$
$$\boxed{?}$$

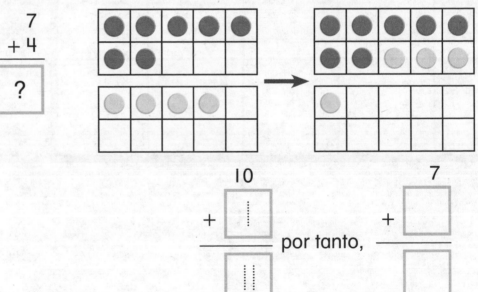

$$10 \qquad\qquad\qquad 7$$
$$+\ \boxed{|} \qquad\qquad +\ \boxed{}$$
$$\overline{\boxed{||}} \quad \text{por tanto,} \quad \overline{\boxed{}}$$

Herramientas Evaluación

⭐ Práctica ⭑ independiente

Forma 10 para sumar. Usa fichas y marcos de 10.

2.
$$\begin{array}{r} 8 \\ + 4 \\ \hline \square \end{array}$$

3.
$$\begin{array}{r} 3 \\ + 9 \\ \hline \square \end{array}$$

4.
$$\begin{array}{r} 6 \\ + 7 \\ \hline \square \end{array}$$

5.
$$\begin{array}{r} 5 \\ + 8 \\ \hline \square \end{array}$$

6.
$$\begin{array}{r} 7 \\ + 5 \\ \hline \square \end{array}$$

7. $5 + 9 =$ _____

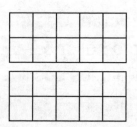

8. $3 + 8 =$ _____

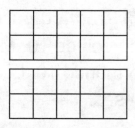

9. $4 + 9 =$ _____

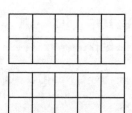

10. $7 + 9 =$ _____

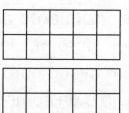

Álgebra ¿Qué número falta?

11. $8 + 5 = \boxed{} + 3$

12. $6 + 9 = 10 + \boxed{}$

13. $8 + 9 = 10 + \boxed{}$

14. **Razonamiento de orden superior** ¿Te ayuda formar 10 para sumar $7 + 4 + 5$? Explícalo.

_____

_____

_____

15. El equipo de Tony anotó 16 puntos en un juego. Durante la primera mitad anotaron 9 puntos. ¿Cuántos puntos anotó el equipo en la segunda mitad del juego?

_____ puntos

16. Entender La escuela hace una colecta de ropa para una organización benéfica. La clase de Ana dona 8 abrigos. La clase de Nico dona 5 sombreros. La clase de Adam dona 8 abrigos. ¿Cuántos abrigos se donaron en total?

_____ abrigos

17. Razonamiento de orden superior Haz un dibujo para mostrar cómo puedes formar 10 como ayuda para sumar 3 + 5 + 9. Explica tu dibujo a un compañero.

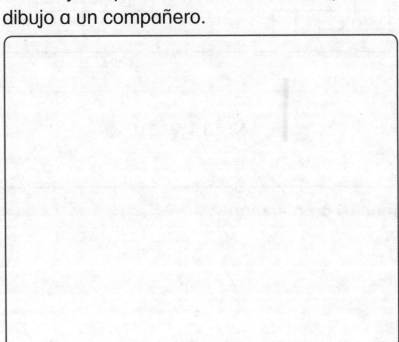

18. ☑ **Práctica para la evaluación** Usa los marcos de 10. Muestra cómo hallar 5 + 7 formando 10. Luego, completa las casillas grises.

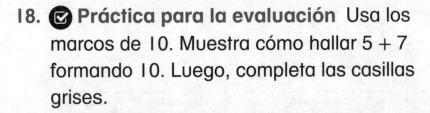

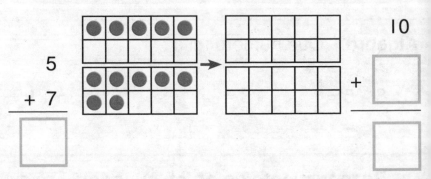

Nombre _____

Resuélvelo y coméntalo

En una tabla de operaciones de suma, busca la suma o total de los sumandos 0 a 5. Describe uno de los patrones que veas.

Usa palabras, colores u operaciones de suma para describir los patrones.

Puedo...
usar los patrones de una tabla de operaciones de suma como ayuda para recordar las sumas.

También puedo buscar patrones.

+	0	1	2	3	4	5
0	0	1	2	3	4	5
1	1	2	3	4	5	6
2	2	3	4	5	6	7
3	3	4	5	6	7	8
4	4	5	6	7	8	9
5	5	6	7	8	9	10

_____

_____

_____

_____

¿Cómo puedes describir un patrón para todas las sumas de seis?

Es un patrón en diagonal.

+	0	1	2	3	4	5	6	7	8	9	10
0	0	1	2	3	4	5	6	7	8	9	10
1	1	2	3	4	5	6	7	8	9	10	11
2	2	3	4	5	6	7	8	9	10	11	12
3	3	4	5	6	7	8	9	10	11	12	13
4	4	5	6	7	8	9	10	11	12	13	14
5	5	6	7	8	9	10	11	12	13	14	15
6	6	7	8	9	10	11	12	13	14	15	16
7	7	8	9	10	11	12	13	14	15	16	17
8	8	9	10	11	12	13	14	15	16	17	18
9	9	10	11	12	13	14	15	16	17	18	19
10	10	11	12	13	14	15	16	17	18	19	20

Puedes escribir una ecuación de suma.

$4 + 2 = 6$

4 y 2 son sumandos de la suma de 6.

+	0	1	2	3	4
0	0	1	2	3	4
1	1	2	3	4	5
2	2	3	4	5	6

Estas son todas las maneras de sumar para obtener 6.

$6 + 0 = 6$
$5 + 1 = 6$
$4 + 2 = 6$
$3 + 3 = 6$
$2 + 4 = 6$
$1 + 5 = 6$
$0 + 6 = 6$

¿Qué patrón ves?

¡Convénceme! ¿Cómo pueden ayudarte a recordar las sumas los patrones de una tabla de operaciones de suma? Explícalo.

☆ **Práctica guiada** ☆ Usa los patrones de las sumas para completar cada ecuación.

1. $10 + \underline{6} = 16$

   $9 + 7 = \underline{16}$

   $\underline{8} + 8 = 16$

   $7 + \underline{9} = 16$

   $6 + \underline{10} = 16$

2. $10 + \underline{} = 14$

   $\underline{} + 5 = 14$

   $8 + 6 = \underline{}$

   $7 + \underline{} = 14$

   $\underline{} + 8 = 14$

   $5 + \underline{} = 14$

   $\underline{} + 10 = 14$

3. $9 + \underline{} = 9$

   $\underline{} + 1 = 9$

   $7 + 2 = \underline{}$

   $6 + \underline{} = 9$

   $\underline{} + 4 = 9$

   $5 + \underline{} = 9$

   $\underline{} + 3 = 9$

   $\underline{} + 2 = 9$

   $8 + 1 = \underline{}$

   $\underline{} + 0 = 9$

Herramientas   Evaluación

☆ Práctica ☆ independiente

Usa patrones de operaciones para completar las ecuaciones.

4. $10 + \underline{\quad} = 12$

$\underline{\quad} + 3 = 12$

$8 + 4 = \underline{\quad}$

$7 + \underline{\quad} = 12$

$6 + 6 = \underline{\quad}$

$\underline{\quad} + 7 = 12$

$\underline{\quad} + \underline{\quad} = 12$

$\underline{\quad} + 9 = 12$

5. $7 + \underline{\quad} = 7$

$\underline{\quad} + 1 = 7$

$5 + 2 = \underline{\quad}$

$\underline{\quad} + 3 = 7$

$\underline{\quad} + 4 = 7$

$\underline{\quad} + 5 = 7$

$\underline{\quad} + 6 = 7$

$0 + \underline{\quad} = 7$

6. $10 + \underline{\quad} = 15$

$\underline{\quad} + 5 = 15$

$9 + 6 = \underline{\quad}$

$9 + \underline{\quad} = 15$

$7 + \underline{\quad} = 15$

$\underline{\quad} + 8 = 15$

7. Sentido numérico Busca el 8 de la primera fila de la tabla de operaciones de suma. Completa todas las ecuaciones a partir de la columna de los 8 de la tabla. ¿Qué patrón ves?

$8 + \underline{\quad} = 8$

$8 + \underline{\quad} = 9$

$8 + \underline{\quad} = 10$

$8 + 3 = \underline{\quad}$

$8 + \underline{\quad} = 12$

$8 + \underline{\quad} = \underline{\quad}$

$8 + 6 = \underline{\quad}$

$8 + \underline{\quad} = 15$

$8 + 8 = \underline{\quad}$

$8 + \underline{\quad} = \underline{\quad}$

$8 + 10 = \underline{\quad}$

_____

_____

_____

_____

8. Razonar Lucy está agrupando objetos según su textura. Halla 6 objetos que son rugosos. Halla 5 objetos que son lisos. ¿Cuántos objetos halla Lucy en total?

_____ objetos

9. A-Z Vocabulario Mira la siguiente **ecuación**. Encierra en un círculo los **sumandos**. Encierra en un cuadrado la **suma.**

$$9 + 5 = 14$$

10. Razonamiento de orden superior Escribe 8 operaciones de suma que tengan un total de 12. ¿Cómo te pueden ayudar los patrones de suma? Explícalo.

_____

_____

_____

_____

11. ☑ Práctica para la evaluación ¿Qué operaciones tienen un total de 17? Escoge todas las que apliquen.

- ☐ $10 + 7 = ?$
- ☐ $7 + 6 = ?$
- ☐ $9 + 8 = ?$
- ☐ $8 + 8 = ?$

Piensa en patrones de suma.

Nombre _____

¿De qué manera el contar puede ayudarte a hallar 12 – 4?

Usa la recta numérica para mostrar tu trabajo.

Puedo...

contar hacia adelante y hacia atrás en una recta numérica para restar.

También puedo razonar sobre las matemáticas.

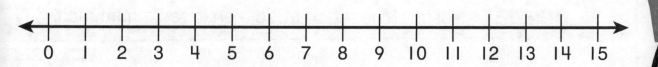

$$12 - 4 = \underline{\hspace{2cm}}$$

Halla 10 − 4.

Empieza por el número menor.

Cuenta hacia adelante hasta 10 para hallar la **diferencia**.

Puedes contar hacia adelante para restar.

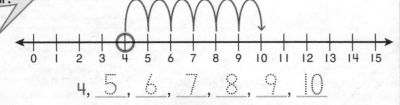

4, 5, 6, 7, 8, 9, 10

Saltas 6 espacios al contar hacia adelante del 4 al 10.

Traza cada salto mientras cuentas.

Por tanto, 10 − 4 = 6.

También puedes contar hacia atrás para restar.

Empieza por el número mayor.

Cuenta hacia atrás 4 espacios.

Al contar hacia adelante o hacia atrás, obtienes la misma respuesta.

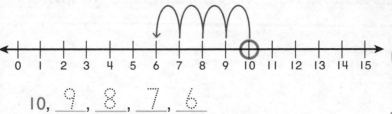

10, 9, 8, 7, 6

Llegas al 6. Por tanto, 10 − 4 = 6.

¡Convénceme! ¿Cómo puedes contar hacia atrás en una recta numérica para hallar 9 − 5?

☆ **Práctica guiada** ☆ Cuenta hacia adelante o cuenta hacia atrás para restar. Muestra tu trabajo en la recta numérica.

1. 11 − 4 = 7

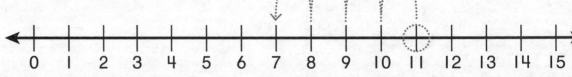

2. 14 − 7 = ☐

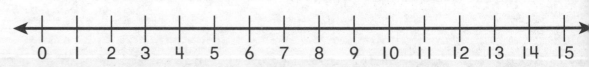

☆ **Práctica** ☆ Cuenta hacia adelante o hacia atrás para restar. Muestra tu trabajo
Independiente en una recta numérica.

3. $14 - 8 =$ ☐

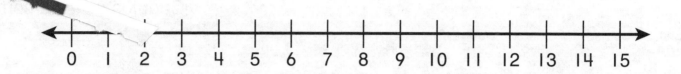

4. $12 - 7 =$ ☐

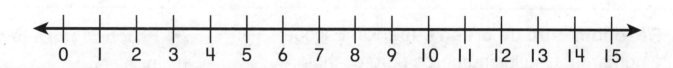

5. $9 - 7 =$ ☐

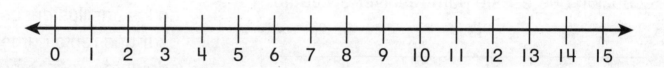

6. $15 - 6 =$ ☐

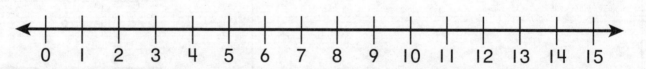

7. Razonamiento de orden superior ¿Cómo puedes contar hacia adelante para hallar $13 - 4$?
Explícalo.

_____

_____

_____

8. Susi tenía 18 semillas y sembró 10 de ellas. ¿Cuántas semillas tiene Susi ahora?

_____ semillas

9. Entender Pedro tenía 16 uvas y se comió algunas. Le quedaron 10 uvas. ¿Cuántas uvas se comió Pedro?

_____ uvas

10. Razonamiento de orden superior Escoge 2 números. Usa los números para escribir o dibujar un cuento sobre resta. Escribe la ecuación que usaste para resolver el cuento.

_____ – _____ = _____

11. ☑ Práctica para la evaluación José quiere hallar 6 – 3.

Usa los números en las tarjetas. Escríbelos en las casillas grises para mostrar cómo usar una recta numérica para contar hacia adelante y resolver el problema.

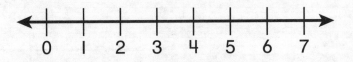

6 3 5 4

Comienza en ☐ . Luego, cuenta hacia

adelante: ☐ , ☐ , ☐ .

6 – 3 = _____

Nombre

Resuélvelo y coméntalo ¿Cómo puedes usar una suma para resolver 14 − 6?

Usa fichas para mostrar cómo hacerlo.

Puedo...

usar la suma como ayuda para restar de manera rápida y precisa.

También puedo razonar sobre las matemáticas.

_____ + _____ = _____

Por tanto, 14 − 6 = _____.

Halla 15 − 7.

Una manera de restar es pensar en la suma.

Para hallar 15 − 7, puedes pensar en:

¿7 y cuántos más son 15?

o

7 + ___ = 15

Falta el mismo número en las dos ecuaciones.

7 + ___ = 15

15 − 7 = ___

Conoces la operación de suma.

7 + _8_ = 15

También conoces la operación de resta.

15 − 7 = _8_

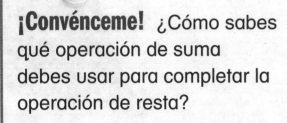

¡Convénceme! ¿Cómo sabes qué operación de suma debes usar para completar la operación de resta?

☆ **Práctica guiada** ☆   Piensa en la suma como ayuda para restar.

1. 6 − 4 = ?

   4 + _2_ = 6

   Por tanto, 6 − 4 = _2_.

2. 9 − 3 = ?

   3 + ___ = 9

   Por tanto, 9 − 3 = ___.

3. 14 − 5 = ?

   5 + ___ = 14

   Por tanto, 14 − 5 = ___.

4. 12 − 4 = ?

   4 + ___ = 12

   Por tanto, 12 − 4 = ___.

Nombre _____

☆ Práctica independiente ☆

Resta. Completa la operación de suma que te puede ayudar.

5. $8 - 1 =$ _____

$1 +$ _____ $= 8$

6. $10 - 2 =$ _____

$2 +$ _____ $= 10$

7. $15 - 6 =$ _____

$6 +$ _____ $= 15$

8. $17 - 7 =$ _____

$7 +$ _____ $= 17$

9. $14 - 8 =$ _____

$8 +$ _____ $= 14$

10. $9 - 5 =$ _____

$5 +$ _____ $= 9$

11.

$$\begin{array}{r} 18 \\ -\ 8 \\ \hline \square \end{array}$$

$$\begin{array}{r} \square \\ +\ 8 \\ \hline 18 \end{array}$$

12.

$$\begin{array}{r} 16 \\ -\ 9 \\ \hline \square \end{array}$$

$$\begin{array}{r} \square \\ +\ 9 \\ \hline 16 \end{array}$$

13.

$$\begin{array}{r} 19 \\ -\ 9 \\ \hline \square \end{array}$$

$$\begin{array}{r} \square \\ +\ 9 \\ \hline 19 \end{array}$$

Razonamiento de orden superior Escribe una suma relacionada para completar la resta.

14. $11 -$ _____ $= 5$

_____ $+$ _____ $=$ _____

15. $7 -$ _____ $= 2$

_____ $+$ _____ $=$ _____

16. $12 -$ _____ $= 8$

_____ $+$ _____ $=$ _____

17. Razonar Katia tenía 6 bolígrafos
y Juan le dio 5 más.
¿Cuántos bolígrafos tiene
Katia en total?

_____ ◯ _____ = _____

_____ bolígrafos

18. Razonar Juan tenía 11 bolígrafos
y le dio 5 a Katia.
¿Cuántos bolígrafos
tiene Juan ahora?

_____ ◯ _____ = _____

_____ bolígrafos

19. Razonamiento de orden superior Escribe
un cuento sobre resta usando los números
18 y 10. Luego, escribe una suma
que te ayude a resolver el problema
de tu cuento.

_____

_____

_____

_____

_____

_____ + _____ = _____

20. ☑ **Práctica para la evaluación** Pamela
tiene 16 cerezas y se come 7.
¿Qué suma puede ayudarte a hallar
cuántas cerezas le quedan a Pamela?

$7 + 4 = 11$
Ⓐ

$7 + 9 = 16$
Ⓒ

$7 + 6 = 13$
Ⓑ

$9 + 9 = 18$
Ⓓ

Nombre _____

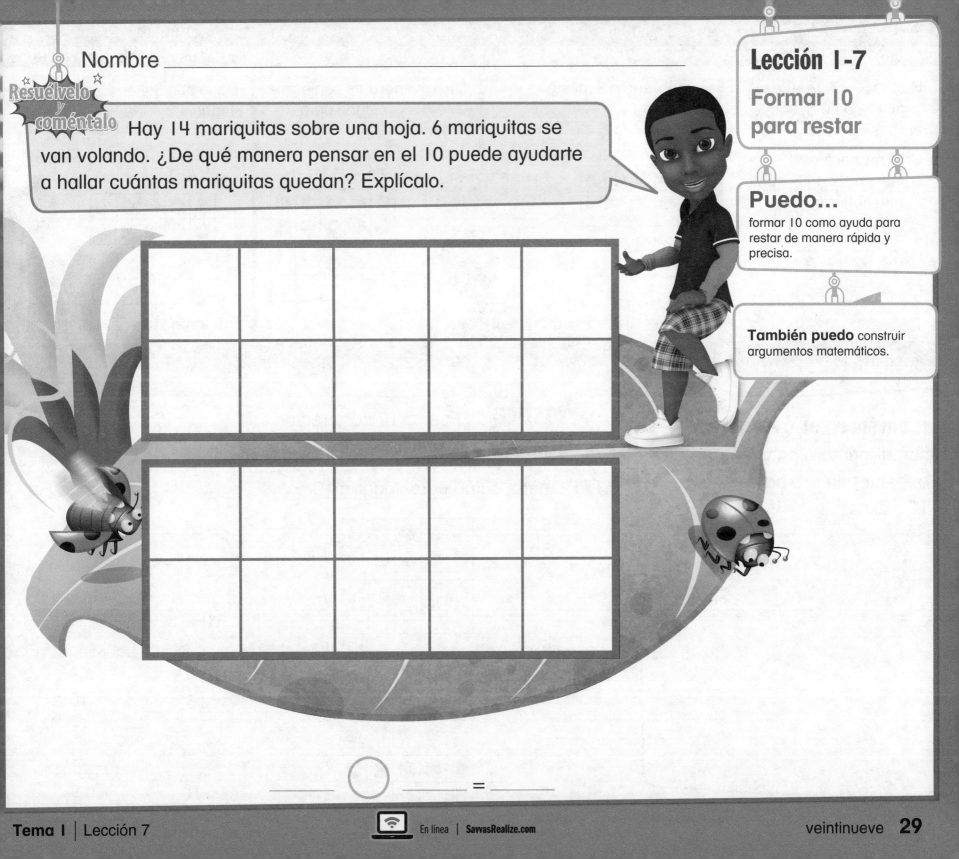

Resuélvelo y coméntalo

Hay 14 mariquitas sobre una hoja. 6 mariquitas se van volando. ¿De qué manera pensar en el 10 puede ayudarte a hallar cuántas mariquitas quedan? Explícalo.

Puedo...
formar 10 como ayuda para restar de manera rápida y precisa.

También puedo construir argumentos matemáticos.

____ ◯ ____ = ____

Halla $13 - 7$. Puedes usar 10 como ayuda para restar.

Una manera es comenzar con 7 y sumar 3 para llegar a 10.

$7 + 3 = 10$

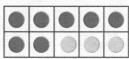

Luego, suma 3 más y obtienes 13.

$10 + 3 = 13$

Sumé 6 a 7 para formar 13.

$7 + 6 = 13$;
por tanto, $13 - 7 = 6$.

Otra manera es comenzar en el 13 y restar 3 para llegar a 10.

$13 - 3 = 10$

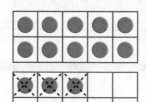

Dado que $3 + 4 = 7$, resta 4 más.

Resté 7 y me queda 6.

$10 - 4 = 6$

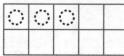

Por tanto, $13 - 7 = 6$.

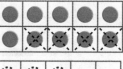

¡Convénceme! ¿Prefieres sumar primero para llegar a 10 o restar primero para llegar a 10? Explícalo.

☆**Práctica guiada**☆ Forma 10 para restar. Usa fichas y tu tablero.

1. Primero, suma para llegar a 10.

$$\begin{array}{r} 15 \\ -\ 8 \\ \hline 7 \end{array}$$

$$\begin{array}{r} 8 \\ +\ \boxed{2} \\ \hline 10 \end{array} \qquad \begin{array}{r} 10 \\ +\ \boxed{5} \\ \hline 15 \end{array}$$

---

2. Primero, resta para llegar a 10.

$$\begin{array}{r} 16 \\ -\ 7 \\ \hline \end{array}$$

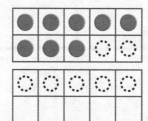

$$\begin{array}{r} 16 \\ -\ \boxed{} \\ \hline 10 \end{array} \qquad \begin{array}{r} 10 \\ -\ \boxed{} \\ \hline 9 \end{array}$$

Nombre _____

☆ Práctica independiente

Forma 10 para restar. Usa fichas y tu tablero.

3. 11
    – 4

4. 14
    – 8

5. 12
    – 7

6. 12
    – 4

Piensa en las maneras que conoces para formar 10.

7. 18
    – 9

8. 17
    – 8

9. 16
    – 8

10. 13
     – 4

11. 15
     – 9

12. 14
     – 7

13. 12
     – 8

14. 16
     – 9

15. **Razonamiento de orden superior**

Carol resta 6 de 15. Primero sumó para
llegar a 10. Luego, volvió a sumar para
hallar su respuesta. Su respuesta es 10.
¿Tiene razón Carol? Explícalo.

_____

_____

_____

_____

_____

16. Usar herramientas Chen tenía 12 calcomanías de animales y regaló 5 de ellas. ¿Cuántas calcomanías tiene Chen ahora?

_____ calcomanías

17. Usar herramientas Ángela compró 13 fresas y se comió 8. ¿Cuántas fresas tiene Ángela ahora?

_____ fresas

18. Razonamiento de orden superior Muestra cómo puedes formar 10 para hallar $17 - 9$. Luego, explica tu trabajo.

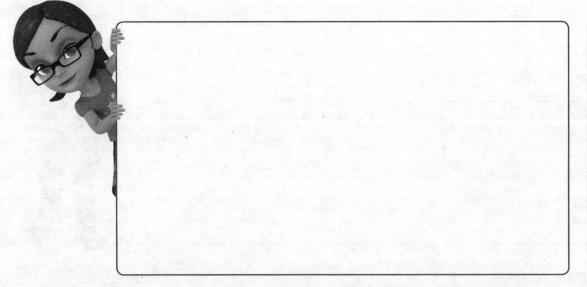

19. ☑ **Práctica para la evaluación** Usa los marcos de 10. Muestra cómo formar 10 para hallar $15 - 9$. Primero, resta para llegar a 10. Luego, completa las ecuaciones.

$15 -$ _____ $= 10$

$10 -$ _____ $=$ _____   Por tanto, $15 - 9 =$ _____ .

Nombre ______________________________

Lección 1-8

Practicar las operaciones de suma y resta

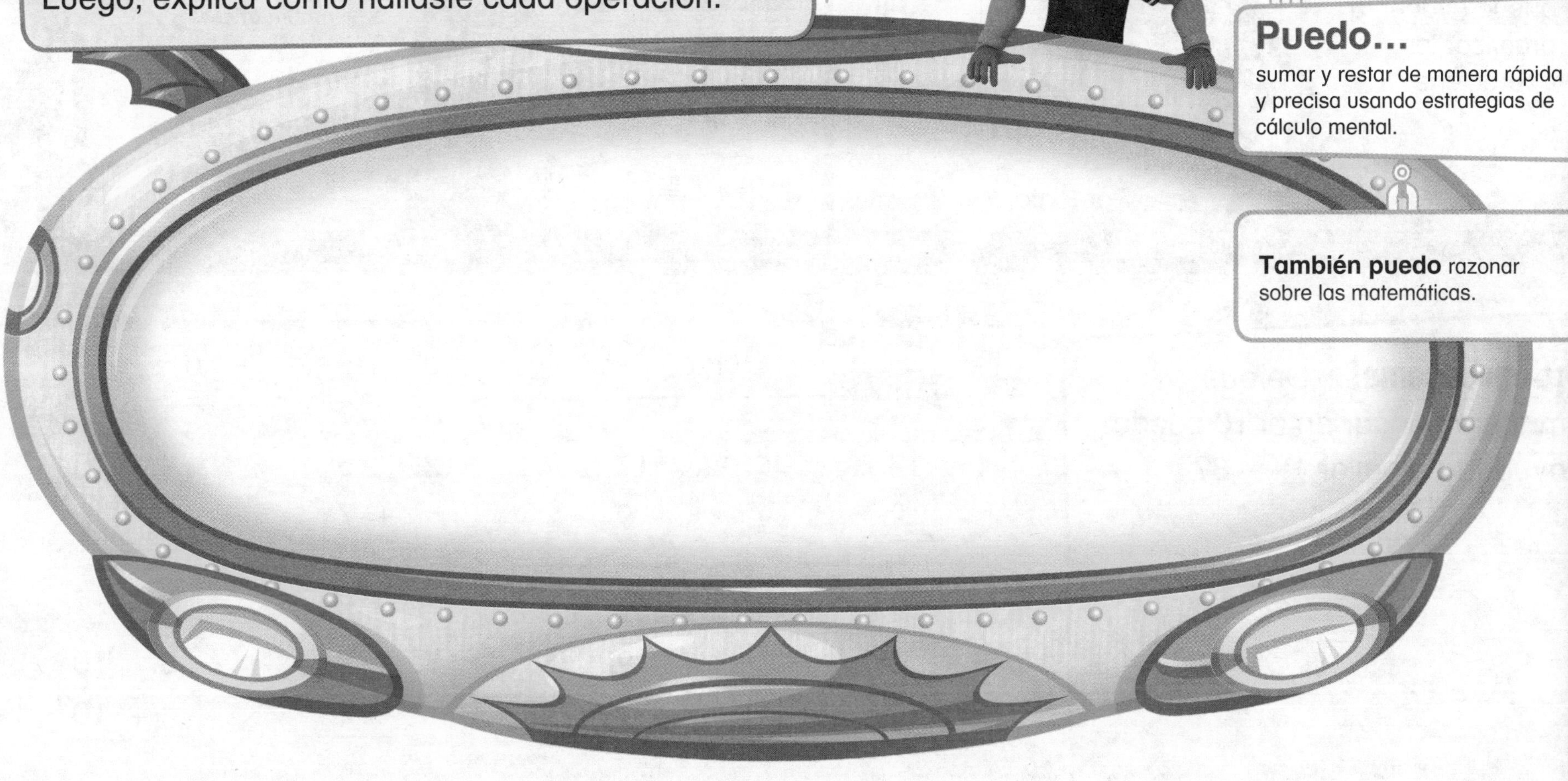

Puedo...
sumar y restar de manera rápida y precisa usando estrategias de cálculo mental.

También puedo razonar sobre las matemáticas.

Resuélvelo y coméntalo Escribe tan rápido como puedas cuatro operaciones relacionadas que tengan los números 7 y 9. Levanta la mano cuando termines. Luego, explica cómo hallaste cada operación.

_____ + _____ = _____

_____ + _____ = _____

_____ − _____ = _____

_____ − _____ = _____

Puente de aprendizaje visual

Practica tus operaciones básicas para recordarlas rápidamente.

Halla $7 - 4$.

Piensa en estrategias que te ayuden a practicar las operaciones.

Una manera de restar es pensar en la suma.

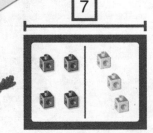

$\boxed{7}$

$4 + \boxed{3} = 7$

Por tanto, $7 - 4 = \boxed{3}$.

¡Conocer las sumas de dobles también te puede ayudar! Halla $4 + 5$.

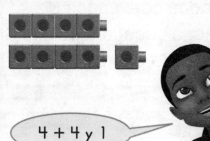

$4 + 4$ y 1

$4 + 5 = \boxed{9}$

Practicar las operaciones básicas me ayudará a recordarlas rápidamente. Así será más fácil resolver mis problemas de matemáticas.

¡Convénceme! ¿De qué manera pensar en el 10 puede ayudarte a hallar $14 - 8$?

Práctica guiada ☆ Suma o resta. Usa cualquier estrategia.

1.
$$\begin{array}{r} 14 \\ -9 \\ \hline 5 \end{array}$$

2.
$$\begin{array}{r} 17 \\ -9 \\ \hline \end{array}$$

3.
$$\begin{array}{r} 5 \\ +7 \\ \hline \end{array}$$

4.
$$\begin{array}{r} 10 \\ -5 \\ \hline \end{array}$$

5.
$$\begin{array}{r} 6 \\ -0 \\ \hline \end{array}$$

6.
$$\begin{array}{r} 9 \\ +9 \\ \hline \end{array}$$

7.
$$\begin{array}{r} 12 \\ -4 \\ \hline \end{array}$$

8.
$$\begin{array}{r} 10 \\ +10 \\ \hline \end{array}$$

9.
$$\begin{array}{r} 11 \\ -4 \\ \hline \end{array}$$

10.
$$\begin{array}{r} 9 \\ +1 \\ \hline \end{array}$$

11.
$$\begin{array}{r} 8 \\ +0 \\ \hline \end{array}$$

12.
$$\begin{array}{r} 16 \\ -8 \\ \hline \end{array}$$

Nombre _____

☆ Práctica ☆
independiente
☆

Suma o resta. Usa cualquier estrategia.

13. $14 - 7 =$ _____

14. $3 + 0 =$ _____

15. $8 + 7 =$ _____

16. $13 - 6 =$ _____

17. $10 + 9 =$ _____

18. $17 - 8 =$ _____

19. $18 - 9 =$ _____

20. $9 - 1 =$ _____

21. $7 + 4 =$ _____

22. $6 + 6 =$ _____

23. $16 - 9 =$ _____

24. $20 - 10 =$ _____

25. $16 - 7 =$ _____

26. $15 - 8 =$ _____

27. $7 + 3 =$ _____

28. $2 + 7 =$ _____

29. $9 + 6 =$ _____

30. $10 - 2 =$ _____

Razonamiento de orden superior Escribe el número que falta.

31. $6 + \boxed{} = 14 - 5$

32. $12 - 4 = \boxed{} + 2$

33. $14 - \boxed{} = 5 + 4$

34. enVision® STEM Daniela tenía 17 hojas de papel. Recortó y cambió la forma de 8 de las hojas. ¿Cuántas hojas no cambiaron de forma? Escribe una ecuación para resolver el problema.

_____ ◯ _____ = _____

_____ hojas de papel

35. Representar Diego vio 5 ranas sobre una roca y también 7 en el pasto. ¿Cuántas ranas vio Diego en total? Escribe una ecuación para resolver el problema.

_____ ◯ _____ = _____

_____ ranas

36. Razonamiento de orden superior
Glen cuenta hacia adelante para resolver $9 + \boxed{} = 14$. Explica de qué manera puede hacerlo. ¿Cuál es el sumando que falta?

37. ☑ **Práctica para la evaluación** Escoge una estrategia para hallar $11 - 8$. Explica cómo usaste la estrategia para hallar la diferencia.

¿Qué estrategia usarás para resolver este problema?

Diego tiene 6 manzanas y Leslie tiene 9.

¿Cuántas manzanas más que Diego tiene Leslie?

¿Sumarás o restarás para resolver el problema? Explícalo.

Puedo...
usar la suma o la resta para resolver un problema verbal.

También puedo entender bien los problemas.

suma   resta   ____ ◯ ____ ◯ ____

Leslie tiene ____ manzanas más que Diego.

Hay 17 libros sobre una mesa y 8 libros en un estante. ¿Cuántos libros menos hay en el estante que sobre la mesa?

Puedes usar un diagrama de barras y una ecuación para representar el problema.

En el estante hay menos libros.

libros sobre la mesa

17

8	?

libros en el estante · libros menos en el estante

Puedes escribir una ecuación de suma o resta para el problema.

$17 - 8 = \underline{9}$

$8 + \underline{9} = 17$

17

8	9

Por tanto, hay 9 libros menos en el estante.

¡Convénceme! ¿Por qué puedes usar una suma O una resta para resolver el problema anterior?

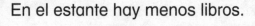

Práctica guiada Escribe una ecuación para resolver los problemas. Usa cualquier estrategia.

1. Sam tiene 5 tomates rojos y 3 tomates verdes. ¿Cuántos tomates tiene en total?

   $\underline{5} \oplus \underline{3} \ominus \underline{8}$ $\underline{8}$ tomates

2. Hay 16 gorros de fiesta en una caja. Hay 10 gorros en una bolsa. ¿Cuántos gorros menos hay en la bolsa que en la caja?

   ___ ◯ ___ ◯ ___   ___ gorros menos

Tema 1 | Lección 9

Nombre_____

⭐ **Práctica independiente** ⭐   Escribe una ecuación para resolver cada problema.
Usa cualquier estrategia.

3. Cho tiene 3 caballos de juguete más que Asín. Cho tiene 9 caballos de juguete. ¿Cuántos caballos tiene Asín?

____ ◯ ____ ◯ ____

_____ caballos de juguete

4. En un tazón había 12 duraznos. Los niños se comieron algunos y ahora quedan 8 duraznos. ¿Cuántos duraznos comieron los niños?

____ ◯ ____ ◯ ____

Comieron _____ duraznos.

5. Juan leyó 5 libros y Susana también leyó algunos. Los dos leyeron 11 libros en total. ¿Cuántos libros leyó Susana?

____ ◯ ____ ◯ ____

_____ libros

6. Jaime tiene 13 pinceles. Igor tiene 6 pinceles. ¿Cuántos pinceles menos que Jaime tiene Igor?

____ ◯ ____ ◯ ____

_____ pinceles menos

7. Sentido numérico Tina tenía 3 calcomanías de animales y una amiga le dio 5 más. Luego, Tina compró 7 calcomanías más. ¿Cuántas calcomanías tiene Tina ahora? Muestra tu trabajo.

8. **Razonamiento de orden superior** Sandy tiene 8 marcadores y Alex tiene 6 marcadores menos que Sandy. Yoli tiene 2 marcadores. ¿Cuántos marcadores tienen en total?

Muestra tu trabajo. Luego, explica cómo hallaste la respuesta.

_____

_____

_____

Usa fichas para resolver.

9. **Entender** Anita ahorra 13 monedas de 10¢. Pone algunas monedas en una caja y el resto en un frasco.

Escribe una ecuación para mostrar una de las maneras en que Anita pudo haber separado las monedas.

____ ◯ ____ ◯ ____

____ monedas de 10¢ en un frasco

____ monedas de 10¢ en una caja

10 ☑ **Práctica para la evaluación** María tenía 5 anillos y compró algunos más. Ahora tiene 12 anillos.

Escoge Sí o No para mostrar si con esa ecuación se puede hallar cuántos anillos más compró María.

$12 - 5 = 7$	◯ Sí	◯ No
$10 + 2 = 12$	◯ Sí	◯ No
$5 + 7 = 12$	◯ Sí	◯ No
$12 - 8 = 4$	◯ Sí	◯ No

Nombre _____

Resuélvelo y coméntalo

¿Cómo puedes usar la estrategia de **formar 10** para hallar 7 + 9?

Explica tu razonamiento y tu trabajo. Usa dibujos, números o palabras.

Puedo...
usar dibujos, números y palabras para explicar por qué mi razonamiento y mi trabajo son correctos.

También puedo sumar y restar hasta el 20.

Hábitos de razonamiento
¿Cómo puedo usar las matemáticas para explicar por qué mi trabajo es correcto?

¿Es clara mi explicación?

¿1 más que 6 + 6 tiene la misma suma o total que 6 + 7?

Crea un argumento matemático.

 Puedo usar dibujos, palabras o números para crear un argumento matemático y mostrar mi trabajo.

¿Cómo puedo crear un argumento matemático y mostrar mi trabajo?

 Puedo hacer dibujos y escribir ecuaciones.

6 + 6 = 12

6 + 6 + 1 = 6 + 7

6 + 6 + 1 = 13

6 + 7 = 13

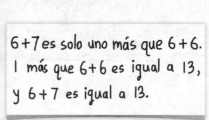 O puedo usar palabras y números para crear mi argumento matemático. Mi argumento es claro y se entiende.

6 + 7 es solo uno más que 6 + 6. 1 más que 6 + 6 es igual a 13, y 6 + 7 es igual a 13.

¡Convénceme! ¿Son claros y completos los dos argumentos matemáticos anteriores? Explícalo.

☆ **Práctica guiada** ☆ Usa el dibujo para resolver el problema. Luego, usa palabras y números para crear un argumento matemático.

1. ¿Es la suma de 9 + 5 igual a la suma de 10 + 4?

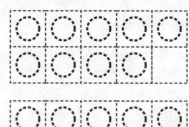

Tema 1 | Lección 10

☆ Práctica ☆ independiente

Resuelve los problemas. Usa palabras, dibujos y números para crear un argumento matemático.

1. Linda tenía 14 uvas y se comió 8. Se quiere comer 6 uvas más. ¿Tiene Linda suficientes uvas? Explícalo.

2. Los Leones anotaron 11 carreras en un juego de béisbol. Los Tigres anotaron 7 carreras. ¿Anotaron los Tigres 3 carreras menos que los Leones? Explícalo.

3. Completa la siguiente explicación sobre cómo hallar $8 + 9$. Usa dibujos, palabras o números.

Sé que $8 + 8 = 16$.

Resolución de problemas

Cachorros vendidos

La tienda de mascotas Fiona vende cachorros. En la tabla se muestra cuántos cachorros vendieron desde el lunes hasta el jueves.

¿Es el total de cachorros que vendieron el martes y el miércoles menor que los que vendieron el lunes?

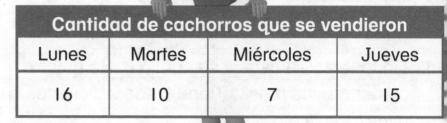

Cantidad de cachorros que se vendieron			
Lunes	Martes	Miércoles	Jueves
16	10	7	15

4. **Entender** ¿Usarás todos los números de la tabla para resolver el problema? Explícalo.

_____

_____

_____

5. **Representar** Escribe una ecuación para hallar el total de cachorros que se vendieron los días martes y miércoles. Resuélvela.

_____

_____

_____

6. **Explicar** Resuelve el problema. Usa palabras, dibujos y números para explicar tu trabajo y tu razonamiento.

Nombre _____

Trabaja con un compañero. Señala una pista y léela.

Mira la tabla de la parte de abajo de la página y busca la pareja de esa pista. Escribe la letra de la pista en la casilla al lado de su pareja.

Halla una pareja para cada pista.

Puedo...
sumar y restar hasta 20.

También puedo construir argumentos matemáticos.

Pistas

A Casi dobles con sumas cercanas a 8.

B Cada diferencia es 6.

C Maneras de formar 12.

D Exactamente dos diferencias son iguales a 9.

E Cada suma es mayor que 14.

F Exactamente tres diferencias son iguales.

G Casi dobles con sumas cercanas a 6.

H Cada diferencia es igual a 14 − 7.

□	$5 + 7$ $6 + 6$ $8 + 4$ $9 + 3$	□	$10 - 5$ $11 - 7$ $12 - 7$ $13 - 8$	□	$11 - 5$ $10 - 4$ $12 - 6$ $9 - 3$	□	$4 + 3$ $3 + 2$ $2 + 3$ $3 + 4$
□	$13 - 3$ $9 - 0$ $14 - 6$ $16 - 7$	□	$3 + 4$ $5 + 4$ $4 + 3$ $4 + 5$	□	$8 + 9$ $7 + 8$ $8 + 7$ $6 + 9$	□	$9 - 2$ $13 - 6$ $8 - 1$ $15 - 8$

Repaso del vocabulario

A-Z Glosario

Lista de palabras
- casi dobles
- diagrama de barras
- diferencia
- dobles
- ecuación
- suma o total
- sumando

Comprender el vocabulario

1. Encierra en un círculo una suma de dobles.

$$7 + 7 = 14$$

$$6 + 7 = 13$$

$$7 + 0 = 7$$

2. Encierra en un círculo una suma de casi dobles.

$$4 + 4 = 8$$

$$4 + 1 = 5$$

$$4 + 5 = 9$$

3. Escribe una ecuación de resta usando números y símbolos.

4. Halla la suma de $8 + 6$.

5. Halla la diferencia de $12 - 5$.

Usar el vocabulario al escribir

6. Describe cómo puedes formar 10 para sumar $7 + 4$. Usa un término de la Lista de palabras.

TEMA
1

Grupo A

Puedes contar hacia adelante para hallar una suma.

4   5   6

2   3   4   5   6

$4 + 2 =$ _6_

$2 + 4 = 6$

$4 + 2 = 2 + 4$

Puedo sumar en cualquier orden y obtener la misma suma o total.

Cuenta hacia adelante para hallar la suma. Luego, cambia el orden de los sumandos.

1. $9 + 3 =$ _____

   _____ + _____ = _____

   $9 + 3 =$ _____ + _____

2. $6 + 4 =$ _____

   _____ + _____ = _____

   $6 + 4 =$ _____ + _____

Grupo B

Puedes usar dobles como ayuda para sumar casi dobles.

$$4 + 4 = 8$$

Por tanto, $3 + 4 = 7$.

$3 + 4$ es uno menos que $4 + 4$.

Por tanto, $3 + 4 = 7$.

Completa las sumas de dobles. Usa las sumas de dobles para resolver las de casi dobles.

3. $8 + 8 =$ _____

Por tanto, $7 + 8 =$ _____.

4. $5 + 5 =$ _____

Por tanto, $6 + 5 =$ _____.

Puedes formar 10 como ayuda para sumar 8 + 6.

$$8 + 6 = ?$$

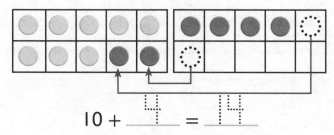

$10 +$ __4__ $=$ __14__

Por tanto, $8 + 6 =$ __14__.

Forma 10 para sumar.

5. $8 + 4 = ?$

$$\begin{array}{r} 10 \\ + \boxed{} \\ \hline \boxed{} \end{array}$$

por tanto,

$$\begin{array}{r} 8 \\ + \ 4 \\ \hline \boxed{} \end{array}$$

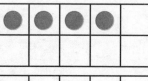
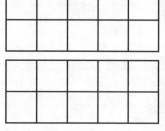

Puedes contar hacia adelante o contar hacia atrás para hallar $11 - 4$.

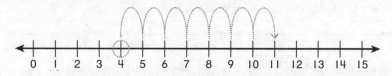

Empieza en 4 y cuenta hacia adelante 7 lugares hasta 11.

4 . . . 5, 6, 7, 8, 9, 10, 11   Por tanto, $11 - 4 = 7$.

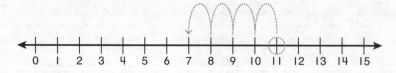

Empieza en 11 y cuenta hacia atrás 4 lugares hasta llegar a 7.

11 . . . 10, 9, 8, 7   Por tanto, $11 - 4 =$ __7__.

Cuenta hacia adelante o cuenta hacia atrás para restar. Muestra tu trabajo en la recta numérica.

6. $8 - 5 = \boxed{}$

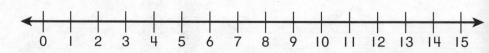

7. $15 - 6 = \boxed{}$

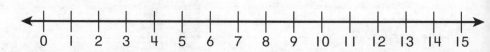

Grupo E

Puedes pensar en la suma como ayuda para restar.

Halla: $16 - 9 = ?$

Piensa: $9 + \underline{7} = 16$

Por tanto, $16 - 9 = \underline{7}$.

Resta. Escribe la suma que usaste como ayuda.

8. $13 - 7 = $ _____

$7 + $ _____ $= 13$

9. $17 - 9 = $ _____

$9 + $ _____ $= 17$

Grupo F

Puedes formar 10 para restar.
Halla $17 - 8$.

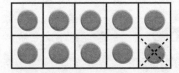

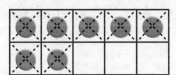

$17 - 7 = 10$

$10 - 1 = 9$

$17 - 8 = \boxed{9}$

Forma 10 para hallar $13 - 8$.
Dibuja fichas para mostrar tu trabajo.

10.

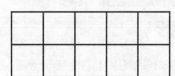

$13 - $ _____ $= 10$

$10 - $ _____ $= $ _____

$13 - 8 = $ _____

Puedes usar la suma o la resta para resolver un problema verbal.

Hay 11 uvas en un tazón y 9 uvas en una taza.

¿Cuántas uvas menos hay en la taza?

$$11 - 9 = 2 \qquad 9 + 2 = 11$$

Por tanto, hay 2 uvas menos en la taza.

Escribe una ecuación para resolver los problemas.

11. Hay 13 camisas en un armario y 8 camisas en una caja.

¿Cuántas camisas más hay en el armario?

_____ ◯ _____ ◯ _____ camisas más

12. Diego tiene 10 libros más que Yuri. Yuri tiene 10 libros.

¿Cuántos libros tiene Diego?

_____ ◯ _____ ◯ _____ libros

Hábitos de razonamiento

Construir argumentos

¿Cómo puedo usar las matemáticas para explicar que mi trabajo es correcto?

¿Usé los números, los signos y los símbolos correctamente?

Resuelve. Usa palabras, dibujos o números para construir tus argumentos.

13. Tony leyó 15 páginas de un libro. Ana leyó 9 páginas del mismo libro.

¿Leyó Tony 4 páginas más que Ana? Explícalo.

1. Tom dibuja 7 insectos y Gilda dibuja 4. ¿Cuántos insectos dibujaron en total?

¿Qué opción muestra cómo *contar hacia adelante* para resolver el problema?

Ⓐ 7. . .8, 9, 10, 11

Ⓑ 4. . .5, 6, 7

Ⓒ 7 + 4

Ⓓ 4 + 7

2. Lily tiene 7 peces. Julio tiene 1 pez más que Lily.

¿Qué ecuaciones muestran cuántos peces hay en total? Escoge todas las que apliquen.

☐ 7 + 7 + 7 = 21

☐ 7 + 1 = 8

☐ 7 + 7 + 1 = 15

☐ 7 + 7 = 14

☐ 7 + 8 = 15

3. Usa los marcos de 10. Muestra cómo hallar la suma de 8 + 7 formando 10. Luego, completa los recuadros grises.

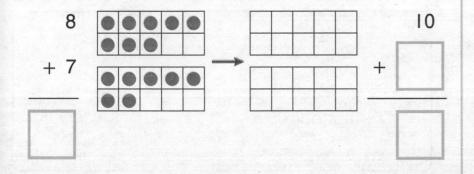

4. ¿Qué sumas tienen un total de 18? Escoge todas las que apliquen.

☐ 10 + 8   ☐ 8 + 10

☐ 9 + 8   ☐ 8 + 8

☐ 9 + 9

5. 7 amigos van al cine. Tienen 4 boletos.
¿Cuántos boletos más necesitan?

Une con una línea cada solución con la forma en que se resolvió el problema.

A.   7. . . 6, 5, 4   Usé una suma.

B.   7 − 4 = 3   Conté hacia atrás.

C.   4. . . 5, 6, 7   Conté hacia adelante.

D.   4 + 3 = 7

                             Usé una resta.

6. Nila tiene 14 uvas. Se come 6 uvas.

¿Cuál de las sumas te ayuda a saber cuántas uvas le quedaron a Nila?

Ⓐ   6 + 6 = 12

Ⓑ   6 + 7 = 13

Ⓒ   6 + 8 = 14

Ⓓ   8 + 8 = 16

7. Usa los marcos de 10.
Muestra cómo formar 10 para hallar 13 − 7.
Luego, completa la ecuación.

13 − 7 = _____

8. Bruno tiene algunas monedas.
Le da 4 monedas a su hermano.
Ahora, Bruno tiene 9 monedas.
¿Cuántas monedas tenía Bruno al principio?

Escribe una ecuación para resolverlo.

_____ ◯ _____ = _____

_____ monedas

Tema 1 │ Práctica para la evaluación

Nombre _____

9. María tenía 4 peras.
Compró algunas peras más.
Ahora tiene 12 peras.

¿Cuántas peras compró María?

Parte A
Haz un dibujo para representar el problema.

Parte B
Escribe una ecuación para resolver el problema.

_____ ◯ _____ = _____

_____ peras

10. El equipo tiene 9 jugadores.
Luego, 2 jugadores se van. Después, 5 jugadores se unen al equipo.

¿Cuántos jugadores tiene el equipo ahora?

Usa los números de las tarjetas.
Completa las ecuaciones para resolver el problema.

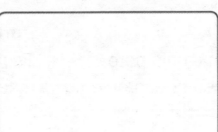

2   5

7   12

$9 - \boxed{} = \boxed{}$

$7 + \boxed{} = \boxed{}$ $\boxed{}$ jugadores

11. Escoge Sí o No para mostrar si el 7 hará que cada ecuación sea verdadera.

$8 + \boxed{} = 16$ ◯ Sí ◯ No

$7 + \boxed{} = 14$ ◯ Sí ◯ No

$14 - \boxed{} = 7$ ◯ Sí ◯ No

$15 - 8 = \boxed{}$ ◯ Sí ◯ No

12. Mateo encontró 9 ramas en el parque.
Mabel encontró 7 ramas.

¿Cuántas ramas encontraron en total?
Escribe una ecuación para explicarlo.

_____ ◯ _____ = _____

_____ ramas en total

13. Escoge Sí o No para mostrar si el 8 hará verdadera cada ecuación.

$6 + \boxed{} = 14$ $8 + 8 = \boxed{}$ $14 - \boxed{} = 6$ $16 - \boxed{} = 8$

○ Sí ○ No   ○ Sí ○ No   ○ Sí ○ No   ○ Sí ○ No

---

14. José se comió 6 cerezas menos que Gabo. Gabo se comió 15 cerezas.

¿Cuántas cerezas se comió José?

Parte A
Haz un dibujo para representar el problema.

Parte B
Escribe una ecuación para resolver el problema.

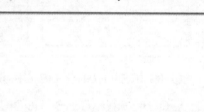

_____ ◯ _____ = _____

_____ cerezas

---

15. La tabla muestra cuántos dibujos hicieron 3 amigos.

Escribe una ecuación para resolver el problema.

Dibujos que hicieron			
	Caballos	Gatos	Perros
Bruno	9	1	3
Fernando	7	6	2
Laurel	4	0	8

_____ ◯ _____ ◯ _____ = _____

_____ dibujos

Escoge uno de los amigos.
Escribe el nombre del amigo que escogiste.

_____

¿Cuántos dibujos hizo ese amigo?

Gatitos de la granja

Muchos gatitos nacen cada verano en la granja Rayo de Sol. La tabla muestra cuántos gatitos nacieron de junio a agosto.

Gatitos nacidos en la granja		
Junio	Julio	Agosto
13	8	7

1. ¿En qué dos meses nacieron 20 gatitos en total?

2. Escribe una ecuación para hallar el total de gatitos nacidos en julio y agosto. Resuélvelo.

Tarea de rendimiento

_____

_____

_____

_____

3. Feli dice que en junio nacieron 5 gatitos más que en agosto. ¿Estás de acuerdo? Encierra en un círculo Sí o No.

Muestra tu trabajo para explicar tu respuesta.

Sí   **No**

4. Usa las pistas para completar la siguiente tabla.

- No nació ningún gatito en diciembre, enero y febrero.

- En marzo nacieron 6 gatitos.

- Nacieron tres gatitos en abril y en septiembre.

- En mayo nacieron 4 gatitos.

- Nacieron dos gatitos en octubre y en noviembre.

Gatitos nacidos en la granja Rayo de Sol		
Estación	Meses	Cantidad de gatitos nacidos
Primavera	marzo, abril y mayo	
Verano	junio, julio y agosto	28
Otoño	septiembre, octubre y noviembre	
Invierno	diciembre, enero y febrero	

5. Feli dice que en el verano nacieron más gatitos que en todas las otras estaciones juntas. ¿Tiene razón? Explícalo.

_____

_____

_____

_____

_____

6. ¿Cuántos gatitos más nacieron en la primavera que en el otoño?

Muestra cómo resolver el problema con una ecuación de resta.

Trabajar con grupos iguales

Preguntas esenciales: ¿Cómo se pueden mostrar números pares e impares? ¿Cómo se relacionan las matrices y la suma repetida?

Recursos digitales

 Libro del estudiante
 Aprendizaje visual
 Práctica
 Evaluación
Herramientas
Glosario

¡Mira estas plantas y animales!

¿Qué plantas y animales viven en el área donde vives?

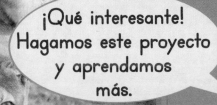

¡Qué interesante! Hagamos este proyecto y aprendamos más.

Proyecto de ënVision STEM: Plantas, animales y matrices

Investigar Haz una lista de los distintos tipos de plantas y animales silvestres que veas. Observa tu vecindario o un parque cerca de tu casa. Fíjate en cómo se relacionan los animales y las plantas.

Diario: Hacer un libro Muestra en tu libro lo que hallaste. En tu libro, también:

- habla sobre las plantas y animales que viste organizándolos en grupos. Busca patrones.

- haz una matriz de un grupo de plantas y una matriz de un grupo de animales.

Nombre _____

 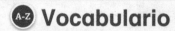

A-Z Vocabulario

1. Encierra en un círculo los **sumandos** en las siguientes operaciones.

$5 + 8 = 13$

$8 - 5 = 3$

2. Completa la **suma o total** en la siguiente **ecuación.**

$5 + 7 = $ _____

3. Escribe la suma de **dobles** que muestra el modelo.

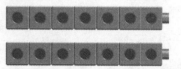

Casi dobles

4. Halla las sumas.

$7 + 6 = $ _____

$4 + 5 = $ _____

$9 + 8 = $ _____

Sumar en cualquier orden

5. Cambia el orden de los sumandos y completa las dos ecuaciones.

$6 + 8 = $ _____

_____ $+$ _____ $=$ _____

Cuento de matemáticas

6. Cinco vacas cafés entran al establo. Luego, 8 vacas negras entran al establo. ¿Cuántas vacas hay en el establo ahora?

_____ vacas

Nombre _____

PROYECTO 2A

¿Qué aves viven cerca de ti?

Proyecto: Reúne información sobre aves

PROYECTO 2B

¿Qué son las escamas?

Proyecto: Haz un cartel sobre las escamas

PROYECTO
2C

¿Cómo puedes organizar los árboles en un huerto?

Proyecto: Crea un modelo de un huerto

PROJECT
2D

¿Cómo crecen tus flores?

Proyecto: Dibuja una flor

Resuélvelo y coméntalo

Usa cubos para hacer los siguientes números. Sombrea todos los números que se puedan mostrar como dos grupos iguales de cubos.
¿Qué observas sobre los números que sombreaste?

Lección 2-1

Números pares e impares

Puedo...
saber si un grupo de objetos es par o impar.

También puedo hacer mi trabajo con precisión.

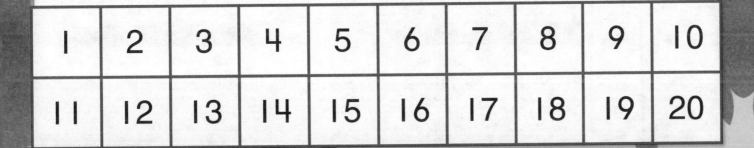

1	2	3	4	5	6	7	8	9	10
11	12	13	14	15	16	17	18	19	20

¿Cómo puedes saber si un número es **par** o **impar**?

Usa cubos para averiguarlo.

8

9

Un número es par cuando se puede mostrar como dos partes iguales con cubos.

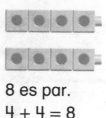

8 es par.
$4 + 4 = 8$

Un número es impar cuando no se puede mostrar como dos partes iguales con cubos.

9 es impar.
$5 + 4 = 9$

El dígito de las unidades indica si un número es par o impar.

18 es par.
19 es impar.

1	2	3	4	5	6	7	8	9	10
11	12	13	14	15	16	17	18	19	20

¡Convénceme! Separas una torre de cubos para formar dos partes iguales, pero te sobra un cubo. ¿La cantidad de cubos es par o impar? Explícalo.

☆ **Práctica guiada** ☆   Fíjate en el número. Encierra en un círculo par o impar. Luego, escribe la ecuación.

1.

14

impar   (par)

$\underline{7} + \underline{7} = \underline{14}$

2.

19

impar   par

$\underline{} + \underline{} = \underline{}$

Tema 2 | Lección 1

⭐ **Práctica independiente** ⭐ Fíjate en el número. Encierra en un círculo par o impar. Luego, escribe la ecuación. Usa cubos como ayuda.

3.

20

impar   par

____ + ____ = ____

4.

13

impar   par

____ + ____ = ____

5.

16

impar   par

____ + ____ = ____

6.

17

impar   par

____ + ____ = ____

7.

10

impar   par

____ + ____ = ____

8.

5

impar   par

____ + ____ = ____

 Encierra en un círculo verdadero o falso. Luego, explica tu razonamiento.

9. Razonamiento de orden superior David dice que 12 es par y 21 es impar. ¿Es verdadero o falso?

12	21
Verdadero	Verdadero
o	o
Falso	Falso

_____
_____
_____
_____

10. Representar Gemma llenó 2 cestas con 9 fresas en cada una. Le dio las dos cestas a Alan.

¿La cantidad de fresas que tiene Alan es par o impar? Haz un dibujo para resolver el problema. Luego, escribe una ecuación.

_____ + _____ = _____

La cantidad de fresas que tiene Alan es _____ .

11. Representar Tyron coloca 4 canicas en un frasco. Coloca 3 canicas en otro frasco. ¿La cantidad de canicas que tiene Tyron es par o impar? Haz un dibujo para resolver el problema. Luego, escribe una ecuación.

_____ + _____ = _____

La cantidad de canicas que tiene Tyron es _____ .

12. Razonamiento de orden superior
Si sumas dos números impares, ¿la suma o total será par o impar? Explícalo. Usa números, dibujos o palabras.

13. ☑ Práctica para la evaluación Observa el número. Encierra en un círculo par o impar. Luego, escribe la ecuación.

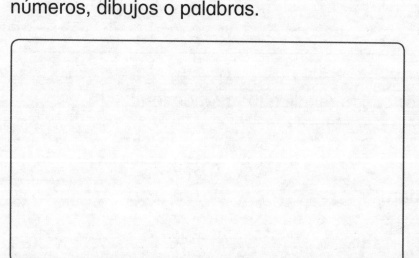

15

impar   par

_____ + _____ = _____

Nombre _____

Resuélvelo y coméntalo

Los estudiantes en la clase de la Srta. Jenn trabajan en parejas. Un estudiante no tiene compañero. ¿Cuántos estudiantes puede haber en la clase de la Srta. Jenn?

Usa cubos para mostrar tu razonamiento. Haz un dibujo de tu trabajo.

Lección 2-2

Más sobre números pares e impares

Puedo...
usar diferentes maneras para decir si un grupo de objetos muestra un número par o impar.

También puedo buscar patrones.

¿Qué patrones ves?

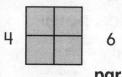

4

6

par

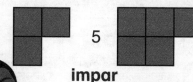

3

5

impar

Piensa en un par de objetos y la forma que toma un número par.

Si puedes contar los cuadrados de dos en dos, es un número par.

2

par

par

2, 4

La suma de dos sumandos iguales da un número par.

$3 + 3 = 6$

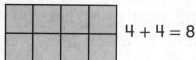

$4 + 4 = 8$

El patrón de la suma es contar salteado de 2 en 2.

$1 + 1 = 2$

$2 + 2 = 4$

$3 + 3 = 6$

$4 + 4 = 8$

¿Cuál es el siguiente número par después de 8?

El siguiente número par es 10.

¡Convénceme! ¿Es 10 un número par o impar? Haz un dibujo para mostrar cómo lo sabes.

☆ **Práctica guiada** ☆ Escribe el número que muestra cada modelo. Encierra en un círculo par o impar. Luego, escribe la ecuación.

1.

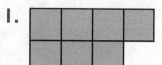

_7_ par (impar)

_4_ + _3_ = _7_

2.

___ par impar

___ + ___ = ___

Tema 2 | Lección 2

☆ Práctica independiente

Escribe el número que muestra cada modelo. Encierra en un círculo par o impar. Luego, escribe la ecuación.

3.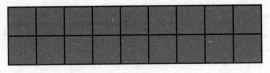

_____ par   impar

_____ + _____ = _____

4.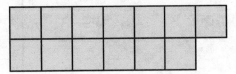

_____ par   impar

_____ + _____ = _____

5.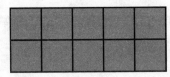

_____ par   impar

_____ + _____ = _____

6.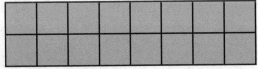

_____ par   impar

_____ + _____ = _____

7.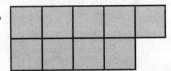

_____ par   impar

_____ + _____ = _____

8.

_____ par   impar

_____ + _____ = _____

9. Sentido numérico ¿Cuántos cuadrados hay? ¿Es una cantidad par o impar? Haz un dibujo para mostrar cómo lo sabes. Escribe una ecuación para tu dibujo.

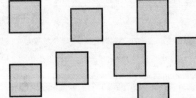

10. Buscar patrones Se dan las ecuaciones para los cuatro primeros números pares. ¿Cuáles son los seis números pares siguientes? ¿Cómo lo sabes?

$1 + 1 = 2$
$2 + 2 = 4$
$3 + 3 = 6$
$4 + 4 = 8$

11. Razonamiento de orden superior Mario dibujó un grupo de 5 objetos y otro de 3. Dice que puede sumarlos y obtener un número par. ¿Estás de acuerdo? Explícalo y escribe una ecuación para la suma.

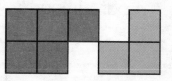

12. enVision® STEM Para evitar el intenso calor, las aves del desierto están activas muy temprano en las mañanas. Marcia vio 19 aves. ¿Es par o impar el número de aves que vio Marcia? Explícalo con un dibujo y una ecuación.

13. ☑ **Práctica para la evaluación** ¿Cuántos cuadrados se muestran? ¿Es esta una cantidad par o impar?

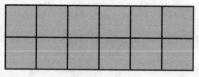

(A) $6 + 6 = 12$; par

(B) $6 + 7 = 13$; impar

(C) $7 + 7 = 14$; par

(D) $7 + 8 = 15$; impar

Resuélvelo y coméntalo

Muestra y explica dos maneras diferentes de hallar cuántos círculos hay en total.

Puedo…
hallar la cantidad total de objetos en un grupo de filas y columnas.

También puedo buscar patrones.

Puedes representar la suma repetida usando una matriz.

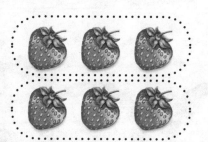

Las matrices tienen **filas** iguales. En cada fila hay 3 fresas.

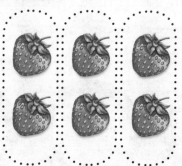

Las matrices tienen **columnas** iguales. En cada columna hay 2 fresas.

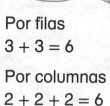

Escribe dos ecuaciones que representen la matriz.

Por filas
$3 + 3 = 6$

Por columnas
$2 + 2 + 2 = 6$

¡Convénceme! ¿Es este grupo una matriz? Explícalo.

Práctica guiada Escribe dos ecuaciones que representen cada matriz.

I.

Por filas

$\underline{4} + \underline{4} = \underline{8}$

Por columnas

$\underline{2} + \underline{2} + \underline{2} + \underline{2} = \underline{8}$

2.

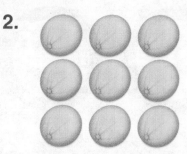

Por filas

$\underline{} + \underline{} + \underline{} = \underline{}$

Por columnas

$\underline{} + \underline{} + \underline{} = \underline{}$

✫ Práctica independiente

Escribe dos ecuaciones que representen cada matriz.

3.

Por filas

_____ + _____ + _____ + _____ + _____ = _____

Por columnas _____ + _____ + _____ = _____

4.

_____ + _____ + _____ = _____

_____ + _____ + _____ + _____ = _____

5.

Por filas _____ + _____ = _____

Por columnas _____ + _____ = _____

6.

_____ + _____ + _____ + _____ + _____ = _____

_____ + _____ + _____ + _____ + _____ = _____

7. Álgebra Usa la matriz para hallar el número que falta.

_____ + 5 = 10

> Mira las filas y columnas.

8. Buscar patrones Rosi pone las fresas en una matriz. Escribe dos ecuaciones que representen la matriz. ¿Cuántas fresas hay en total?

_____

_____

_____ fresas

9. La matriz muestra carros en un estacionamiento. ¿Puedes escribir dos ecuaciones diferentes para representar la matriz? Explícalo. ¿Cuántos carros en total hay en el estacionamiento?

_____

_____

_____ carros

10. Razonamiento de orden superior Dibuja un jardín que tenga hasta 5 filas y la misma cantidad de flores en cada fila. Luego, escribe dos ecuaciones que representen la matriz.

11. ☑ **Práctica para la evaluación** Ben ordena pelotas de básquetbol en una matriz. Forma 4 filas de pelotas con 3 pelotas en cada fila. ¿Qué ecuación muestra la matriz que formó Ben y cuántas pelotas hay en total?

Ⓐ $3 + 3 + 3 + 3 = 12$

Ⓑ $3 + 3 = 6$

Ⓒ $4 + 4 = 8$

Ⓓ $3 + 3 + 3 = 9$

Nombre _____

Resuélvelo
y
coméntalo

Roque coloca sus camiones de juguete en 4 columnas. Coloca 3 camiones en cada columna. ¿Cuántos camiones tiene Roque en total?

Muestra cómo lo sabes usando fichas y una ecuación.

Lección 2-4

Formar matrices para hallar totales

Puedo...

usar matrices con filas y columnas iguales.

También puedo representar con modelos matemáticos.

Ecuación:

_____

_____ camiones

Aprendizaje visual A-Z Glosario

Harry tiene zanahorias en su jardín. Están ordenadas en 2 filas con 4 zanahorias en cada fila.

¿Cuántas zanahorias hay en el jardín de Harry?

Puedes formar una matriz para mostrar el problema.

Usa la suma repetida para hallar cuántas zanahorias hay en el jardín de Harry.

Puedes sumar la cantidad de zanahorias que hay en cada fila.

$4 + 4 = \underline{8}$

La suma repetida significa sumar el mismo número una y otra vez.

También puedes sumar la cantidad de zanahorias que hay en cada columna.

$2 + 2 + 2 + 2 = \underline{8}$

$4 + 4 = \underline{8}$

¡Tengo 8 zanahorias!

¡Convénceme! Si tienes 2 filas con diferentes cantidades en cada fila, ¿tienes una matriz? Explícalo.

☆**Práctica guiada**☆ Dibuja una matriz para mostrar cada problema. Usa la suma repetida para resolver los problemas.

1. Mónica pone latas de arvejas en 2 filas de 3 latas cada una.
¿Cuántas latas de arvejas tiene en total?

$\underline{3} + \underline{3} = \underline{6}$ latas de arvejas

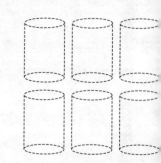

2. Darío organizó sus calcomanías en columnas. Las coloca en 4 columnas con 4 calcomanías en cada columna. ¿Cuántas calcomanías tiene en total?

_____ + _____ + _____ + _____ = _____ calcomanías

Tema 2 | Lección 4

☆ **Práctica** ☆ Dibuja una matriz para mostrar cada problema.
independiente Usa la suma repetida para resolver los problemas.

3. Sara hornea pan. Coloca los panes en 5 columnas
   de 3 panes cada una. ¿Cuántos panes hornea en total?

   _____ + _____ + _____ + _____ + _____ = _____ panes

4. Kristin hace una matriz con sus libros. Los coloca
   en 5 filas de 4 libros cada una. ¿Cuántos libros tiene
   Kristin en total?

   _____ + _____ + _____ + _____ + _____ = _____ libros

5. Malcolm coloca sus canicas en dos columnas.
   Pone 2 canicas en cada columna.
   ¿Cuántas canicas tiene Malcolm en total?

   _____ + _____ = _____ canicas

6. **Álgebra** Halla los números que faltan.
   Frank tiene 10 tarjetas de béisbol. Las coloca en
   2 filas iguales. Muestra cuántas tarjetas hay en cada fila.

   ☐ + ☐ = 10 tarjetas de béisbol

7. **Razonar** Jana tiene 5 filas en cada página de su álbum fotográfico. Coloca 2 fotos en cada fila. ¿Cuántas fotos tiene en total en cada página?

_____ + _____ + _____ + _____ + _____ = _____ fotos

8. **Razonar** Nina tiene un librero con 4 estantes. Coloca 5 muñecas en una fila en cada estante. ¿Cuántas muñecas tiene Nina en total?

_____ + _____ + _____ + _____ = _____ muñecas

9. **Razonamiento de orden superior** Escribe un problema-cuento usando la suma repetida. Dibuja una matriz para representar tu cuento.

10. ☑ **Práctica para la evaluación** Wendy tiene un molde de 2 filas para hornear pastelitos. En cada fila hay 4 pastelitos. Escribe una ecuación que muestre cuántos pastelitos tiene Wendy en total.

¿Cómo te puede ayudar el hacer un dibujo?

Resuélvelo y coméntalo

Hay 4 filas de mesas en una clase. Dos filas tienen 3 mesas cada una. Dos filas tienen 4 mesas cada una. ¿Cuántas mesas hay en total?

Haz un dibujo y escribe una ecuación para representar y resolver el problema.

Ecuación: _____

_____ mesas

Lección 2-5
Representar con modelos matemáticos

Puedo...
representar problemas usando ecuaciones, dibujos y matrices.

También puedo sumar correctamente.

Hábitos de razonamiento

¿Cómo me ayudan un dibujo y una ecuación a representar problemas?

¿Tiene sentido mi respuesta?

Paula hace una matriz de canicas. La matriz tiene 3 filas. Coloca 5 canicas en cada fila. ¿Cuántas canicas tiene Paula en total?

Usa un modelo para representar y resolver el problema.

¿Cómo puedo usar un modelo para mostrar y resolver el problema?

Puedo dibujar una matriz y escribir una ecuación para mostrar cuántas canicas hay en total.

$5 + 5 + 5 = 15$

Por tanto, Paula tiene 15 canicas.

O puedo dibujar la misma matriz y escribir una ecuación diferente.

Mis dibujos y ecuaciones muestran que Paula tiene 15 canicas en total.

$3 + 3 + 3 + 3 + 3 = 15$

Entonces, Paula tiene 15 canicas.

¡Convénceme! ¿De qué manera el hacer un dibujo y escribir una ecuación te ayudan a representar un problema?

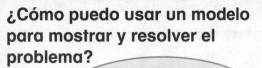 **Práctica guiada** Haz un dibujo y escribe una ecuación para representar cada problema. Luego, resuélvelo.

1. Luis tiene 2 filas de libros.
   En cada fila tiene 5 libros.
   ¿Cuántos libros tiene Luis en total?

$\underline{5} + \underline{5} = \underline{}$ libros

Tema 2 | Lección 5

☆ **Práctica** ☆
independiente

Haz un dibujo y escribe una ecuación para mostrar cada problema.
Luego, resuélvelo.

2. Nina tiene 4 filas de tarjetas. Si en
cada fila hay 4 tarjetas, ¿cuántas
tarjetas tiene Nina en total?

_____ tarjetas   Ecuación: _____

3. Anita coloca 10 tarjetas de béisbol en una
matriz. Si hay 2 tarjetas en cada columna,
¿cuántas columnas hay? Tu ecuación debe
mostrar la cantidad total de tarjetas.

_____ columnas   Ecuación: _____

4. Tina dibujó una matriz para mostrar 9
caracoles. Colocó la misma cantidad de
caracoles en cada fila y en cada columna.
¿Cuántos caracoles hay en cada fila y cada
columna? Explica cómo lo sabes.

Resolución de problemas

Vitrinas para exhibiciones

La tienda del señor Miller tiene 3 vitrinas. Una es para carteles, otra para latas de pintura y otra para cajas de crayones. En la tabla se describe lo que hay en cada vitrina.

¿Qué vitrina tiene la menor cantidad de artículos?

Carteles	Latas de pintura	Cajas de crayones
3 filas	4 filas	5 filas
5 carteles en cada fila	3 latas de pintura en cada fila	2 cajas de crayones en cada fila

5. Entender ¿Qué se te pide que halles?

_____

_____

_____

_____

_____

6. Explicar El señor Miller dice que va a sumar 3 + 5 para hallar cuántos carteles hay en la vitrina de carteles. ¿Estás de acuerdo con su plan? Explícalo.

_____

_____

_____

_____

7. Representar Dibuja una matriz como ayuda para hallar qué vitrina tiene la menor cantidad de artículos.

 Tema 2 | Lección

Sigue la ruta

Sombrea una ruta que vaya desde la **Salida** hasta la **Meta**. Sigue las sumas y diferencias que son números impares.
Solo te puedes mover hacia arriba, hacia abajo, hacia la derecha o hacia la izquierda.

Puedo...
sumar y restar hasta 20.

También puedo hacer mi trabajo con precisión.

Salida

5 + 6	14 − 6	13 − 9	7 − 3	1 + 9	10 − 5	2 + 9	9 + 8	16 − 7
3 + 4	14 − 7	2 + 5	11 − 6	4 + 8	8 − 3	12 − 6	1 + 5	11 − 4
7 − 1	4 + 4	12 − 4	12 − 7	14 − 9	4 + 7	15 − 7	2 + 5	1 + 8
9 + 9	1 + 7	6 − 4	2 + 8	6 + 2	1 + 9	13 − 9	15 − 6	2 + 4
17 − 9	3 + 9	7 + 5	8 + 8	16 − 6	9 − 5	10 − 6	5 + 4	10 − 3

Meta

Lista de palabras

- columna
- dobles
- ecuación
- fila
- impar
- matriz
- par
- suma o total
- sumandos

Comprender el vocabulario

Escoge un término de la Lista de palabras para completar cada oración.

1. Un número _____ no se puede mostrar como pares de cubos.

2. Una _____ es un grupo de objetos colocados en filas y columnas que forman un rectángulo.

3. En una matriz, los objetos que se muestran de lado a lado están en una _____.

4. Los _____ son números que se suman.

Escribe V para verdadero o F para falso.

5. _____ 9 es un número par.

6. _____ 13 es un número impar.

7. _____ Puedes representar la suma repetida con una matriz.

8. _____ En una matriz, los objetos que se colocan de arriba a abajo están en una columna.

Usar el vocabulario al escribir

9. ¿Qué modelo podrías usar para mostrar 4 grupos de 5 objetos en cada grupo? Usa por lo menos 1 término de la Lista de palabras.

Nombre _____

Grupo A

Puedes usar cubos para saber si un número es par o impar.

$$12$$

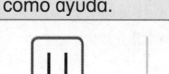

El número de cubos es par si puedes emparejarlos o contarlos de dos en dos.

impar   (par)

$$\underset{6}{\underline{\quad}} + \underset{6}{\underline{\quad}} = \underset{12}{\underline{\quad}}$$

Encierra en un círculo par o impar. Luego, escribe la ecuación. Usa cubos como ayuda.

1.

$$11$$

(impar)   par

_____ + _____ = _____

2.

$$18$$

impar   par

_____ + _____ = _____

Grupo B

Puedes usar la suma repetida para hallar la cantidad total de panes.

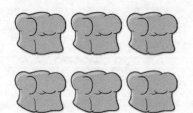

Escribe dos ecuaciones que representen la matriz.

Filas: $\underset{3}{\underline{\quad}} + \underset{3}{\underline{\quad}} = \underset{6}{\underline{\quad}}$

Columnas: $\underset{2}{\underline{\quad}} + \underset{2}{\underline{\quad}} + \underset{2}{\underline{\quad}} = \underset{6}{\underline{\quad}}$

Escribe dos ecuaciones que representen la matriz.

3.

Filas: _____ + _____ + _____ + _____ = _____

Columnas:

_____ + _____ + _____ + _____ + _____ = _____

Puedes dibujar matrices y usar la suma repetida para resolver problemas.

Alina tiene 3 filas de latas de frijoles en su despensa. En cada fila coloca 4 latas. ¿Cuántas latas de frijoles tiene Alina en total?

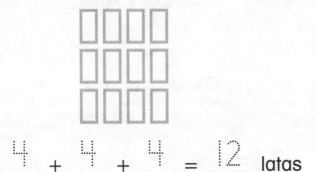

__4__ + __4__ + __4__ = __12__ latas

Dibuja una matriz para mostrar el problema. Usa la suma repetida para resolverlo.

4. Esteban pone 3 filas de manzanas sobre una mesa. En cada fila hay 5 manzanas. ¿Cuántas manzanas puso Esteban en la mesa?

_____ + _____ + _____ = _____ manzanas

Hábitos de razonamiento

Representar con modelos matemáticos

¿Puedo usar un dibujo, diagrama, tabla, o gráfica para representar el problema?

¿Puedo escribir una ecuación para mostrar el problema?

Dibuja un modelo y resuelve el problema.

5. Hay 3 columnas de carros. Cada columna tiene 3 carros. ¿Cuántos carros hay en el estacionamiento?

_____ + _____ + _____ = _____ carros

1. José escribe una ecuación.
La suma o total es un número par mayor que 14.

¿Qué ecuación escribió José?

Ⓐ $6 + 6 = 12$

Ⓑ $6 + 7 = 13$

Ⓒ $8 + 8 = 16$

Ⓓ $8 + 7 = 15$

2. Sem tiene 2 filas de manzanas con 4 manzanas en cada fila.

¿Qué ecuación muestra cuántas manzanas tiene Sem en total?

Ⓐ $4 + 2 = 6$

Ⓑ $2 + 2 + 2 = 6$

Ⓒ $4 + 4 = 8$

Ⓓ $4 + 4 + 4 = 12$

3. Escoge Sí o No para indicar si la suma de la ecuación es un número par.

$3 + 4 = 7$
◯ Sí ◯ No

$5 + 5 = 10$
◯ Sí ◯ No

$7 + 6 = 13$
◯ Sí ◯ No

$9 + 7 = 16$
◯ Sí ◯ No

4. El patio de Fred tiene 3 filas de árboles. Hay 4 árboles en cada fila.
¿Cuántos árboles hay en total?

Haz un dibujo que muestre la matriz de los árboles.

Luego, escribe una ecuación para tu dibujo.

____ + ____ + ____ = ____

Hay _____ árboles en total.

5. ¿Cuántos cuadrados hay? ¿Es el número par o impar?

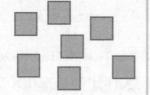

Haz un dibujo para mostrar cómo lo sabes.

6. Ben tiene 8 monedas de 1¢. Mira cada ecuación. Escoge Sí o No para indicar si Ben puede usar la ecuación para formar una matriz con las monedas.

$2 + 2 + 2 + 2 = 8$ ○ Sí ○ No

$5 + 3 = 8$ ○ Sí ○ No

$4 + 4 = 8$ ○ Sí ○ No

$6 + 2 = 8$ ○ Sí ○ No

7. Becky dibujó este diagrama de barras para mostrar que 2 grupos iguales pueden formar 14.

Parte A

Haz un dibujo para mostrar qué representa el signo "?".

Parte B

Cambia 14 a 16 en el diagrama de barras. ¿Qué representa el signo "?" ahora? Indica cómo lo sabes.

Nombre _____

Tarea de rendimiento

Huerto de la escuela

Los estudiantes plantan verduras en el huerto escolar. Los dibujos muestran algunas de las plantas del huerto.

Cantidad de plantas de tomate

Cantidad de plantas de maíz

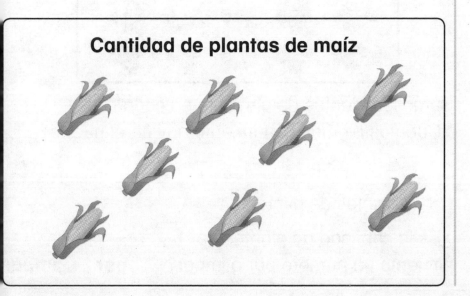

I. ¿Es par o impar la cantidad de plantas de tomate en el huerto?

Encierra tu respuesta
en un círculo.   **par   impar**

Usa las imágenes de los tomates para mostrar cómo lo sabes. Explica tu razonamiento.

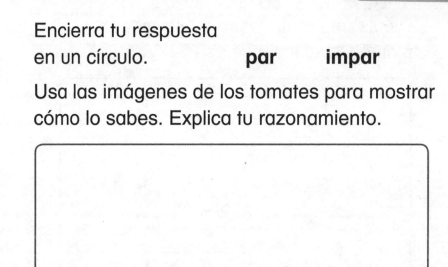

2. Tom dice que la cantidad de plantas de maíz es par. ¿Estás de acuerdo? Haz un dibujo para mostrar por qué.

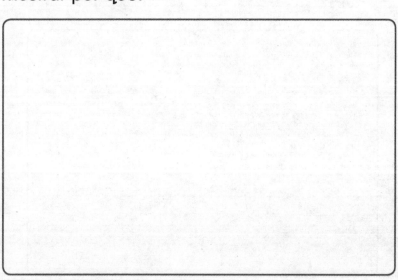

3. David planta arvejas en el huerto escolar. Planta 4 filas con 3 plantas de arvejas en cada fila.

Parte A

Dibuja una matriz para mostrar cómo plantó David las arvejas.

Parte B

Escribe una ecuación para representar la matriz. ¿Cuántas plantas de arvejas tiene David?

4. Larry dice que hay otras maneras de formar una matriz de 12 plantas. Muestra una matriz de 12 plantas diferente de la que usó David.

5. La siguiente matriz muestra la cantidad de plantas de pimiento del huerto.

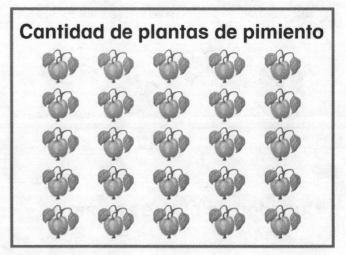

Cantidad de plantas de pimiento

Suma las plantas de pimiento en cada fila. ¿Cuántas plantas de pimiento hay en el huerto?

_____ + _____ + _____ + _____ + _____ = _____

_____ plantas de pimiento

¿Es la cantidad de plantas de pimiento un número par o impar?   **par   impar**

Usar estrategias para sumar hasta 100

Pregunta esencial: ¿Cuáles son las estrategias para sumar números hasta 100?

¡La Tierra siempre está cambiando!

Algunos cambios suceden muy rápido. Otros suceden muy lentamente.

¡Qué interesante! Hagamos este proyecto y aprendamos más.

Proyecto de enVision® STEM: Cambios en la Tierra y estrategias de suma

Investigar Busca y comenta libros sobre cómo cambia la Tierra. Habla de los cambios que se pueden ver, oír y sentir. Comenta sobre los cambios que suceden sin que nos demos cuenta.

Diario: Hacer un libro Muestra lo que averiguaste. En tu libro, también:

- escribe las nuevas palabras de ciencias que aprendas. Haz dibujos que ayuden a mostrar el significado de las palabras.
- escribe las nuevas palabras de matemáticas que aprendas. Haz dibujos que ayuden a mostrar el significado de las palabras.

Nombre _____

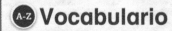
(A-Z) Vocabulario

1. Encierra en un círculo cada número **par.**
Usa cubos como ayuda.

15   7   14

2   19   18

2. Encierra en un cuadrado cada número **impar.**
Usa cubos como ayuda.

12   3   6

17   11   4

3. Completa el **diagrama de barras** para mostrar la suma de 3 + 5.

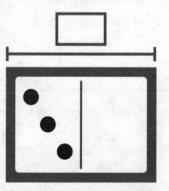

Matrices

Escribe una ecuación para mostrar la cantidad de círculos en cada matriz.

4.

Por filas

_____ + _____ = _____

5.

Por columnas

_____ + _____ + _____ = _____

Cuento de matemáticas

6. José tiene 5 manzanas. Recoge 3 manzanas más. ¿Cuántas manzanas tiene José ahora?

_____ manzanas

Entonces, la cantidad de manzanas que tiene José es un número ¿par o impar?
Número _____

Tema 3

Nombre _____

PROYECTO 3A

¿Hasta dónde viajarías para animar a tu equipo?

Proyecto: Crea un mapa para ir al partido

PROYECTO 3B

¿Cuáles son algunas cosas importantes que debes hacer en un aeropuerto?

Proyecto: Escribe una lista de cosas que hay que hacer para viajar por avión

PROYECTO 3C

¿Cuántos Juegos Olímpicos ha habido?

Proyecto: Haz un cartel sobre los Juegos Olímpicos

Antes de ver el video, habla con un compañero:

Cuando tienes una cantidad grande de objetos, no es fácil contarlos. ¿Cuáles son algunas de las estrategias que puedes usar para acelerar el proceso? ¿En qué se diferencia contar de sumar?

Puedo...

representar con modelos matemáticos para resolver problemas relacionados con usar estrategias y formar 10 para sumar.

Resuélvelo y coméntalo

¿Cómo puedes usar una tabla de 100 para sumar 32 + 43? Explícalo.

Escribe una ecuación para mostrar la suma.

Puedo...

sumar hasta 100 usando la estrategia de valor de posición y las propiedades de las operaciones.

También puedo construir argumentos matemáticos.

1	2	3	4	5	6	7	8	9	10
11	12	13	14	15	16	17	18	19	20
21	22	23	24	25	26	27	28	29	30
31	32	33	34	35	36	37	38	39	40
41	42	43	44	45	46	47	48	49	50
51	52	53	54	55	56	57	58	59	60
61	62	63	64	65	66	67	68	69	70
71	72	73	74	75	76	77	78	79	80
81	82	83	84	85	86	87	88	89	90
91	92	93	94	95	96	97	98	99	100

_____ + _____ = _____

Puedes sumar con la tabla de 100. Halla 54 + 18.

Una manera
Suma las decenas primero.

Empieza en 54. Suma 18.
Baja 1 fila para sumar 1 decena. Luego, avanza 8 espacios para sumar 8 unidades.
54 + 18 = 72

51	52	53	(54)	55	56	57	58	59	60
61	62	63	64	65	66	67	68	69	70
71	72	73	74	75	76	77	78	79	80

Otra manera
Suma las unidades primero.

Empieza en 54. Suma 18.
Avanza 8 para sumar 8 unidades.
Luego, baja 1 fila para sumar 1 decena.
54 + 18 = 72
¡Obtuve la misma suma de las dos maneras!

51	52	53	(54)	55	56	57	58	59	60
61	62	63	64	65	66	67	68	69	70
71	72	73	74	75	76	77	78	79	80

¡Convénceme! Max dice que para hallar 54 + 18 en una tabla de 100, puedes empezar en 54, bajar 2 filas y retroceder 2 espacios.
¿Estás de acuerdo? Explícalo.

☆ Práctica guiada ☆
Usa la tabla de 100 para sumar.
Dibuja flechas en la tabla si es necesario.

11	12	13	14	15	16	(17)	18	19	20
21	22	23	24	25	26	27	28	29	30
31	32	33	34	35	36	37	38	39	40
41	42	43	44	45	46	47	48	49	50

1. 17 + 32 = $\underline{49}$

2. 28 + 21 = _____

3. _____ = 19 + 20

4. 18 + 8 = _____

Tema 3 | Lección 1

Práctica independiente

Suma con la tabla de 100.

1	2	3	4	5	6	7	8	9	10
11	12	13	14	15	16	17	18	19	20
21	22	23	24	25	26	27	28	29	30
31	32	33	34	35	36	37	38	39	40
41	42	43	44	45	46	47	48	49	50
51	52	53	54	55	56	57	58	59	60
61	62	63	64	65	66	67	68	69	70
71	72	73	74	75	76	77	78	79	80
81	82	83	84	85	86	87	88	89	90
91	92	93	94	95	96	97	98	99	100

5. $33 + 9 =$ _____

6. _____ $= 12 + 73$

7. $38 + 21 =$ _____

8. $56 + 42 =$ _____

9. _____ $= 47 + 28$

10. $39 + 17 =$ _____

11. _____ $= 61 + 19$

12. Razonamiento de orden superior Escribe el dígito que hace verdadera cada ecuación.

$\boxed{} + 83 = 90$ $34 + 2\boxed{} = 57$ $1\boxed{} + 51 = 67$ $62 + \boxed{}1 = 83$

13. Sara tiene 48 botones. Luis tiene 32 botones. ¿Cuántos botones tienen en total?

_____ botones

31	32	33	34	35	36	37	38	39	40
41	42	43	44	45	46	47	48	49	50
51	52	53	54	55	56	57	58	59	60
61	62	63	64	65	66	67	68	69	70
71	72	73	74	75	76	77	78	79	80
81	82	83	84	85	86	87	88	89	90
91	92	93	94	95	96	97	98	99	100

14. Nita tenía 70 botones. Luego encontró 19 botones más. ¿Cuántos botones tiene Nita ahora?

_____ botones

15. **Razonamiento de orden superior**
Escribe los pasos que sigues para sumar 43 y 39 en una tabla de 100.

16. ☑ **Práctica para la evaluación** ¿Qué opciones dan una suma de 35? Escoge todas las que correspondan.

☐ 15 + 20

☐ 16 + 19

☐ 20 + 15

☐ 30 + 15

Nombre _____

Resuélvelo y coméntalo

¿Cómo puedes usar la recta numérica vacía para hallar 35 + 24?

Escribe una ecuación para mostrar la suma. Explica tu trabajo.

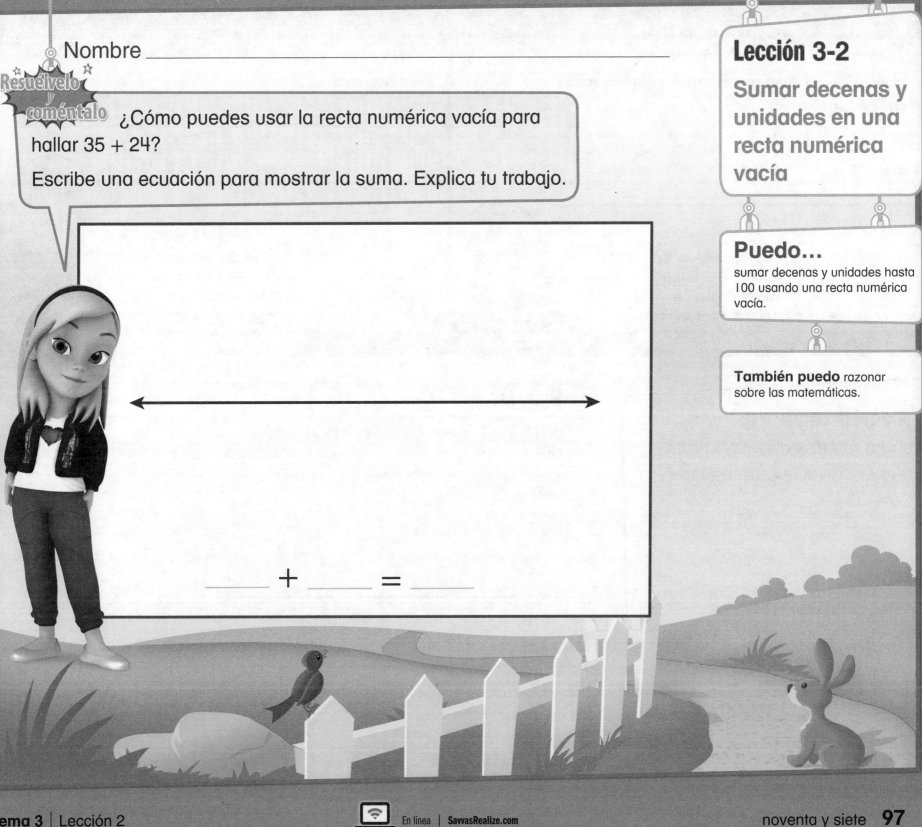

_____ + _____ = _____

Puedo...

sumar decenas y unidades hasta 100 usando una recta numérica vacía.

También puedo razonar sobre las matemáticas.

Halla 48 + 23. Usa una **recta numérica vacía.**

Una manera

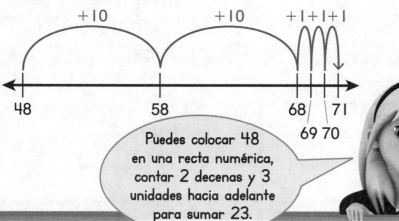

Puedes colocar 48 en una recta numérica, contar 2 decenas y 3 unidades hacia adelante para sumar 23.

Otra manera

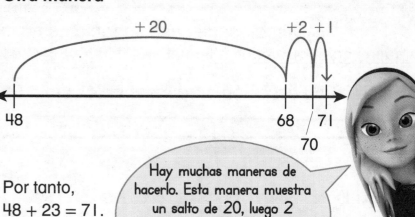

Por tanto, 48 + 23 = 71.

Hay muchas maneras de hacerlo. Esta manera muestra un salto de 20, luego 2 y luego 1 para sumar 23. De las dos maneras llegas a 71.

¡Convénceme! Explica cómo puedes usar una recta numérica vacía para hallar 56 + 35.

Práctica guiada Usa una recta numérica vacía para hallar cada suma.

1. 59 + 24 = _____

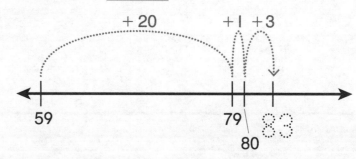

2. 47 + 25 = _____

Tema 3 | Lección 2

⭐ Práctica independiente

Usa una recta numérica vacía para hallar cada suma.

3. $34 + 15 =$ _____

4. $34 + 46 =$ _____

5. $16 + 28 =$ _____

6. $59 + 26 =$ _____

7. Sentido numérico Mario sumó $55 + 28$ usando la siguiente recta numérica vacía. ¿Es correcto su trabajo? Explícalo.

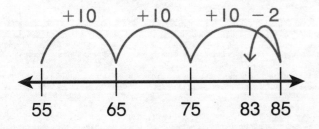

8. **Razonar** Hay 24 manzanas en una canasta y 19 manzanas en una bandeja. ¿Cuántas manzanas hay en total?

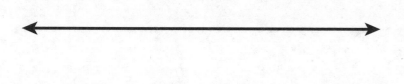

_____ manzanas

9. **Razonar** Tania tiene 27 bayas más que Lisa. Si Lisa tiene 37 bayas, ¿cuántas bayas tiene Tania?

_____ bayas

10. **Razonamiento de orden superior** Usa dos rectas numéricas diferentes para mostrar que 34 + 23 tiene el mismo valor que 23 + 34.

11. ☑ **Práctica para la evaluación** Usa los números de las tarjetas. Escribe los números que faltan debajo de la recta numérica para mostrar cómo hallar la suma.

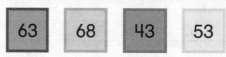

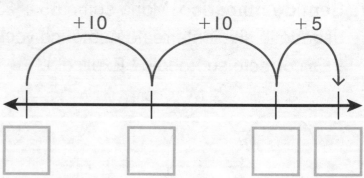

43 + 25 = _____

Resuélvelo y coméntalo

Juan tiene 34 latas para reciclar y Pili tiene 27. ¿Cuántas latas en total tienen los dos?

Resuelve el problema de la manera que prefieras. Usa dibujos y ecuaciones para explicar tu trabajo.

Puedo...
descomponer números en decenas y unidades para hallar la suma.

También puedo representar con modelos matemáticos.

____ ◯ ____ = ____ latas

$37 + 25 = ?$

Puedes **descomponer** solo el segundo sumando en **decenas** y **unidades**.

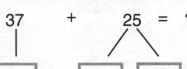

37   +   25 = ?

| 37 | 20 | 5 |

25 es 2 decenas y 5 unidades o 20 + 5.

37 + 25 = 37 + 20 + 5

Empieza en un sumando. Suma las **decenas** y **unidades** del segundo sumando.

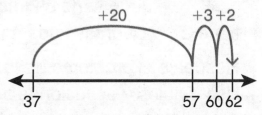

$37 + 20 = 57$
$57 + 3 = 60$
$60 + 2 = 62$

Por tanto, $37 + 25 = \underline{62}$.

¡Convénceme! Explica cómo puedes descomponer 28 para hallar $33 + 28$.

Práctica guiada Descompón el segundo sumando para hallar la suma. Muestra tu trabajo. Usa una recta numérica vacía como ayuda.

1. 57   +   13 = _____

| 57 | 10 | 3 |

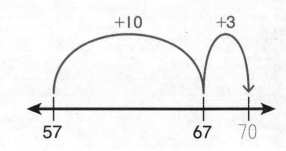

$\underline{57} + \underline{10} = \underline{67}$

$\underline{67} + \underline{3} = \underline{70}$

☆ Práctica ☆ independiente

Descompón el segundo sumando para hallar la suma. Muestra tu trabajo. Dibuja una recta numérica vacía para ayudarte.

2. 42 + 16 = _____

3. 36 + 44 = _____

4. 41 + 37 = _____

5. 35 + 47 = _____

6. 32 + 28 = _____

7. 48 + 27 = _____

8. Sentido numérico Escribe el dígito que hace verdadera cada ecuación.

36 + 5 ☐ = 88

28 + 4 ☐ = 75

14 + 4 ☐ = 57

53 + 2 ☐ = 82

Descomponer los números te puede ayudar.

9. Amir plantó 35 árboles y Juan plantó 27. ¿Cuántos árboles plantaron en total?

_____ árboles

10. Carmen tiene 18 monedas de 1¢. Patrick tiene 12 monedas de 1¢ más que Carmen. ¿Cuántas monedas de 1¢ tiene Patrick?

_____ monedas de 1¢

11. Razonamiento de orden superior Usa los números de las tarjetas. Usa cada número una sola vez para escribir una ecuación verdadera.

5 ☐ + ☐ 4 = ☐ 6

12. ☑ **Práctica para la evaluación** ¿Qué opciones dan un total de 67? Escoge todas las que correspondan.

☐ 15 + 52

☐ 15 + 62

☐ 38 + 29

☐ 11 + 55

Recuerda que puedes sumar los números en cualquier orden.

Resuélvelo y coméntalo

27 + 16 = _____

Dibuja fichas en los marcos de 10 para mostrar cada sumando.

Luego, muestra cómo puedes mover algunas fichas para que sea más fácil hallar la suma.

Explica tu trabajo.

Puedo...

descomponer sumandos y combinarlos de diferentes maneras para formar números fáciles de sumar mentalmente.

También puedo razonar sobre las matemáticas.

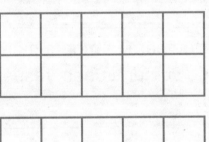
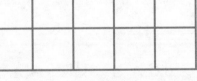
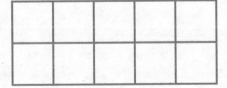

27 + 16 = _____

Halla 18 + 15.

Puedes usar la compensación para formar números que sean más fáciles de sumar.

20 **13**

Una manera

Quita 2 de 15 y agrégalo al 18 para formar 20.

18 + 15 = ?

20 + 13 = 33

Muestra cómo cambiaste los números para que fueran más fáciles de sumar.

$$18 + 15 = ?$$
$$+2 \qquad -2$$
$$20 + 13$$
$$\diagdown\diagup$$
$$10 + 3$$
$$20 + 10 + 3 = 33$$

Por tanto, 20 + 13 = 33.

Si le das una cantidad a un sumando, tienes que quitarle la misma cantidad al otro sumando, de modo que el total permanezca igual.

$$18 + 15 = 20 + 13$$

Por tanto,
18 + 15 = 33.

¡Convénceme! Resuelve.

$$19 + 26 = \boxed{}$$

Explica cómo puedes cambiar los sumandos para hacerlos más fáciles de sumar.

Práctica guiada

Usa la compensación para formar números que sean más fáciles de sumar. Luego, resuelve. Muestra tu trabajo.

1. 17 + 9 = _____

   20 + 6 = 26

2. 16 + 14 = _____

   ◯ _____ ◯ _____

   _____ + _____ = _____

Tema 3 | Lección

Práctica independiente Usa la compensación para formar números que sean más fáciles de sumar. Luego, resuelve. Muestra tu trabajo.

3. 33 + 19 = _____

4. 28 + 8 = _____

5. 27 + 36 = _____

6. Sentido numérico Explica cómo puedes usar la compensación para formar números que sean más fáciles de sumar. Resuelve. Muestra tu trabajo.

28 + 37 = ☐

_____ + _____ = ☐

7. Razonamiento de orden superior
Muestra dos maneras diferentes en que puedes usar la compensación para formar números que sean más fáciles de sumar. Resuelve. Muestra tu trabajo.

17 + 26 = ☐

Usa la compensación para formar números que sean más fáciles de sumar. Luego, resuelve. Muestra tu trabajo.

8. **Explicar** Linda dice que solo hay una manera de volver a escribir este problema para formar números más fáciles de sumar. ¿Tiene razón? Explícalo. Luego, resuelve.

$42 + 29 = \boxed{}$

_____

_____

_____

_____

9. **Vocabulario** Muestra dos maneras diferentes de usar la **compensación** para hallar la suma. Luego, resuelve.

$58 + 35 = \boxed{}$

¿Qué número está cerca de 58 o de 35?

10. **Razonamiento de orden superior**
Muestra dos maneras diferentes de usar la compensación para hallar la suma. Luego, resuelve.

$37 + 16 + 5 = \boxed{}$

11. **Práctica para la evaluación** ¿Cuáles de estas opciones dan el mismo resultado que $42 + 18$? Escoge todas las que correspondan.

☐ 58

☐ $40 + 20$

☐ $40 + 10 + 8$

☐ $50 + 10$

Resuélvelo y coméntalo

Tameka tiene 39 bloques. Kim tiene 43 bloques. ¿Cuántos bloques tienen las dos en total?

Escoge una estrategia y resuelve el problema. Muestra tu trabajo y explícalo.

Lección 3-5

Usar estrategias para practicar la suma

Puedo...
escoger una estrategia como ayuda para sumar números de dos dígitos.

También puedo representar con modelos matemáticos.

_____ bloques

Halla 66 + 25.

Puedes descomponer los números o usar la compensación.

Una manera

Descompón 25 en decenas y unidades. Luego suma.

66 + 25

66 + 20 + 5

4 + 1

66 + 20 = 86

86 + 4 = 90

90 + 1 = 91

Otra manera

Usa la compensación para que sea más fácil hallar la suma.

66 + 25 = ?

+ 4

70 + 25 = 95 ⟶ 91

− 4

¡Obtienes la misma respuesta de ambas maneras!

Por tanto,
66 + 25 = 91.

¡Convénceme! En 66 + 25 de la parte superior, ¿por qué se sumó 4 a 66 y luego se le restó a 95?

Práctica guiada

Halla cada suma. Usa cualquier estrategia. Muestra tu trabajo.

1. $14 + 32 =$ _____

14 + 30 + 2

44 + 2 = 46

2. $67 + 26 =$ _____

Herramientas Evaluación

☆ **Práctica** ☆
independiente   Halla cada suma. Usa cualquier estrategia. Muestra tu trabajo.

3. $33 + 52 =$ _____

4. $27 + 6 =$ _____

5. _____ $= 49 + 45$

6. $57 + 12 =$ _____

7. _____ $= 63 + 20$

8. $14 + 58 =$ _____

9. $45 + 55 =$ _____

10. $87 + 9 =$ _____

11. $19 + 61 =$ _____

Sentido numérico Escribe el dígito que hace verdadera cada ecuación.

12. $45 + 1\ \boxed{} = 61$

13. $84 = \boxed{}\,8 + 56$

14. $3\ \boxed{} + 19 + 56$

31	32	33	34	35	36	37	38	39	40
41	42	43	44	45	46	47	48	49	50
51	52	53	54	55	56	57	58	59	60
61	62	63	64	65	66	67	68	69	70
71	72	73	74	75	76	77	78	79	80
81	82	83	84	85	86	87	88	89	90
91	92	93	94	95	96	97	98	99	100

15. Razonar Martín tiene 44 canicas y Carola tiene 39 canicas. Esteban tiene 90.

¿Cuántas canicas tienen Martín y Carola en total?

¿Tienen más o menos canicas que Esteban?

_____ canicas

Encierra en un círculo: más   menos

16. Razonamiento de orden superior José recogió 32 hojas el sábado. El domingo recogió 14 más que el sábado.

¿Cuántas hojas recogió José en total?

_____ hojas

Pasa a la siguiente fila para mostrar la suma de decenas. Avanza hacia la derecha para mostrar la suma de unidades.

17. Lucita quiere usar una recta númerica vacía para hallar 53 + 18. Muestra cómo puede usar Lucita la recta numérica para hallar 53 + 18.

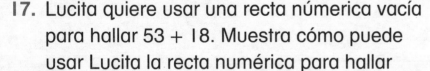

18. ☑ **Práctica para la evaluación**

María usó una tabla de 100 para hallar la suma. Comenzó en 68. Bajó 3 filas y retrocedió 1 espacio. ¿En qué número quedó?

Ⓐ 88

Ⓑ 97

Ⓒ 98

Ⓓ 99

Nombre _____

Resuélvelo y coméntalo

El Equipo Rojo tiene 15 puntos más que el Equipo Azul. El Equipo Azul tiene 36 puntos. ¿Cuántos puntos tiene el Equipo Rojo?

Escoge cualquier estrategia. Resuelve el problema y muestra tu trabajo.

Puedo...
usar dibujos y ecuaciones para resolver problemas de uno y dos pasos.

También puedo entender bien los problemas.

10:00

Equipo Rojo	Período	Equipo Azul
?	3	36

Max vendió 17 boletos.
Jana vendió 8 boletos menos que Max.
Alma vendió 3 boletos más que Jana.

¿Cuántos boletos vendió cada persona?

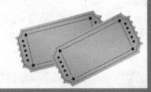

Paso 1

boletos que vendió Max

17

8	9
boletos menos	boletos que vendió Jana

$17 - 8 = 9$
Jana vendió 9 boletos.

Paso 2

boletos que vendió Alma

12

9	3
boletos que vendió Jana	boletos más

$9 + 3 = 12$
Alma vendió 12 boletos.

Max:	17 boletos
Jana:	9 boletos
Alma:	12 boletos

¡Vuelve atrás! ¿Tiene sentido tu respuesta?

¡Convénceme! ¿Qué pasos seguiste para hallar cuántos boletos vendió Alma? Explícalo.

☆ **Práctica guiada** ☆ Resuelve el problema de dos pasos. Muestra tu trabajo.

1. Héctor leyó 15 libros. Sam leyó 9 libros menos que Héctor. Dany leyó 8 libros más que Sam.

¿Cuántos libros leyó Sam?

$\underline{15} - \underline{9} = \underline{}$.

¿Cuántos libros leyó Dany?

$\underline{6} + \underline{8} = \underline{}$

15

	9
___	

Sam leyó ___ libros.

___

6	8

Dany leyó ___ libros.

☆ Práctica independiente

Resuelve los siguientes problemas. Muestra tu trabajo.

2. Barry tiene 17 canicas menos que Kim. Barry tiene 21 canicas.
¿Cuántas canicas tiene Kim?

_____ canicas

3. Ciro atrapó 7 ranas pero 3 se le escaparon. Luego, atrapó 6 ranas más.
¿Cuántas ranas tiene Ciro ahora?

_____ ranas

4. Freddy ve 23 pájaros en un árbol. Después llegan 18 pájaros más.
¿Cuántos pájaros ve Freddy ahora?

_____ pájaros

5. En un estanque hay 31 peces azules, 8 peces dorados y 3 rojos.
¿Cuántos peces hay en el estanque?

_____ peces

6. **Razonamiento de orden superior** El señor Lara compró 6 plátanos. Luego, compró 8 más y le dio algunos al señor Ruiz. El señor Lara tiene 5 plátanos ahora.
¿Cuántos plátanos le dio al señor Ruiz?

_____ plátanos

7. Hay 21 crayones verdes más que crayones azules. Hay 14 crayones azules. ¿Cuántos crayones verdes hay?

_____ crayones verdes

8. Entender Rony nadó 4 largos el lunes, 5 largos el martes y 9 largos el miércoles. ¿Cuántos largos nadó Rony en total?

_____ largos

9. Razonamiento de orden superior
Ema tiene 20 arándanos azules. Tiene 10 arándanos más que Yoli y 14 menos que Amari. ¿Cuántos arándanos tiene Yoli? ¿Cuántos tiene Amari?

Yoli tiene _____ arándanos azules.

Amari tiene _____ arándanos azules.

10. ☑ **Práctica para la evaluación** Billy vio 19 animales en el zoológico Grayson en la mañana. Después del almuerzo vio 17 animales más. ¿Cuántos animales vio Billy en total?

_____ animales

Nombre _____

Resuélvelo y coméntalo

Carla tiene 16 manzanas rojas más que manzanas verdes. Tiene 24 manzanas verdes. ¿Cuántas manzanas rojas tiene?

Usa cualquier estrategia para resolver el problema. Usa dibujos, números o palabras para explicar tu razonamiento y tu trabajo.

Puedo...
usar dibujos, números y palabras para explicar por qué mi razonamiento y mi trabajo son correctos.

También puedo usar estrategias para sumar hasta el 100.

Hábitos de razonamiento

Construir argumentos

¿Cómo puedo usar las matemáticas para explicar por qué mi trabajo es correcto?

¿Estoy usando correctamente los números y los símbolos?

¿Es clara mi explicación?

¿Es la suma de 48 + 23 igual a la suma de 50 + 21?

Plantea un argumento matemático.

Puedo usar dibujos, palabras o números para plantear un argumento matemático y mostrar mi trabajo.

Puedo usar una recta numérica vacía para hallar cada suma.

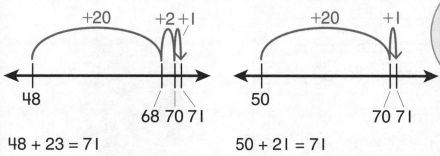

48 + 23 = 71

50 + 21 = 71

Sí, 48 + 23 da la misma suma que 50 + 21.

O puedo quitarle 2 a 23 y agregárselo a 48 para hacer un problema igual. Por tanto, ¡las sumas deben ser iguales!

48 + 23 = ?
+2   −2
50 + 21 = 71

¡Convénceme! ¿Son claros y completos los arumentos matemáticos mencionados arriba?

⭐ **Práctica guiada** ⭐ Resuelve. Usa dibujos, palabras o números para plantear un argumento matemático. Muestra tu trabajo.

1. Hay 16 pollos en el jardín y 19 en el corral. Hay 30 nidos. ¿Tendrán nido todos los pollos? Explícalo.

Tema 3 | Lección 7

⭐ **Práctica** ⭐
independiente

Resuelve cada problema. Usa dibujos, palabras o números para plantear un argumento matemático. Muestra tu trabajo.

2. Goni tenía 45 tarjetas de deportes y Jaime le dio 26 más.
¿Cuántas tarjetas tiene Goni ahora?

_____ tarjetas de deportes

3. Delia usó sus crayones para dibujar 8 estrellas primero y 6 más después. Trina dibujó 5 estrellas.
¿Cuántas estrellas menos que Delia dibujó Trina?

_____ estrellas menos

Resolución de problemas

Lanzamiento de bolsas de frijoles

Evan y Pam lanzan dos bolsas de frijoles y van sumando los puntos. El puntaje total de Pam es 100. ¿En cuáles números cayeron las bolsas de Pam?

Tablero de juego de lanzamiento de bolsas de frijoles

4. **Entender** ¿Qué información se da en el problema? ¿Qué necesitas hallar?

_____

_____

_____

5. **Explicar** ¿En qué números cayeron las bolsas de Pam? Explica cómo lo sabes.

_____

_____

_____

6. **Explicar** ¿Cómo puedes usar una tabla de 100 para resolver el problema? Explícalo.

_____

_____

_____

1	2	3	4	5	6	7	8	9	10
11	12	13	14	15	16	17	18	19	20
21	22	23	24	25	26	27	28	29	30
31	32	33	34	35	36	37	38	39	40
41	42	43	44	45	46	47	48	49	50
51	52	53	54	55	56	57	58	59	60
61	62	63	64	65	66	67	68	69	70
71	72	73	74	75	76	77	78	79	80
81	82	83	84	85	86	87	88	89	90
91	92	93	94	95	96	97	98	99	100

Emparéjalo

Trabaja con un compañero. Señala una pista y léela.

Mira la siguiente tabla y busca la pareja de esa pista. Escribe la letra de la pista en la casilla al lado de su pareja.

Halla una pareja para cada pista.

Puedo... restar hasta 20.

También puedo construir argumentos matemáticos.

Pistas

A Cada diferencia es igual a 3.

B Cada diferencia es menor que 2.

C Cada diferencia es igual a 11 − 5.

D Exactamente dos diferencias son iguales.

E Cada diferencia es mayor que 8.

F Exactamente tres diferencias son impares.

G Cada diferencia es igual a 16 − 8.

H Exactamente tres diferencias son pares.

6 − 5 8 − 8 10 − 10 9 − 9	8 − 6 12 − 8 15 − 8 4 − 0	18 − 9 16 − 7 11 − 2 10 − 1	10 − 8 9 − 4 6 − 2 14 − 9
17 − 9 9 − 1 13 − 5 12 − 4	14 − 8 12 − 6 8 − 2 13 − 7	11 − 6 5 − 3 14 − 7 12 − 3	12 − 9 9 − 6 11 − 8 10 − 7

Glosario

Lista de palabras
- cálculo mental
- compensación
- decenas
- descomponer
- diagrama de barras
- recta numérica vacía
- unidades

Comprender el vocabulario

1. Encierra en un círculo los números que tienen un 3 en el lugar de las unidades.

33   45   13   38

2. Marca con una X los números que **NO** tienen un 8 en el lugar de las decenas.

80   18   78   89

3. Escribe una ecuación para mostrar cómo descomponer 54 según el valor de posición.

_____

4. Usa la recta numérica vacía para hallar 38 + 23. Suma las decenas y luego las unidades.

Usar el vocabulario al escribir

5. Describe una manera de hallar 47 + 18. Usa términos de la Lista de palabras.

_____
_____
_____
_____

Nombre _____

Grupo A

Puedes usar una tabla de 100 como ayuda para sumar. Halla 62 + 12.

Empieza en 62. Baja 1 fila para sumar 1 decena a 12.

51	52	53	54	55	56	57	58	59	60
61	62	63	64	65	66	67	68	69	70
71	72	73	74	75	76	77	78	79	80
81	82	83	84	85	86	87	88	89	90
91	92	93	94	95	96	97	98	99	100

Luego, avanza 2 columnas para sumar las 2 unidades de 12. Por tanto, 62 + 12 = __74__.

Usa una tabla de 100 para hallar cada suma.

1. 85 + 15 = _____

2. 60 + 23 = _____

Grupo B

Puedes usar una recta numérica vacía para hallar 49 + 32.

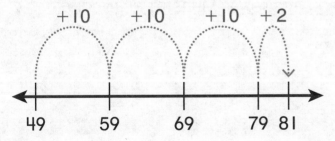

Escribe 49 en la recta numérica. Hay 3 decenas en 32. Por tanto, cuenta hacia adelante de 10 en 10 tres veces. Hay 2 unidades en 32. Por tanto, cuenta 2 hacia adelante desde 79.

Por tanto, 49 + 32 = __81__.

Usa una recta numérica vacía para hallar cada suma.

3. 35 + 13 = _____

4. 47 + 26 = _____

Halla 55 + 17.

Descompón 17 en 10 + 7.

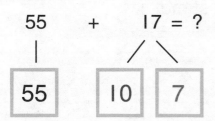

$$55 \quad + \quad 17 = ?$$

| 55 | 10 | 7 |

Suma las decenas: 55 + 10 = 65

Suma las unidades: 65 + 7 = 72

Por tanto, 55 + 17 = _72_.

Descompón el segundo sumando para hallar la suma. Muestra tu trabajo.

5. 53 + 28 = _____

6. 78 + 19 = _____

Halla 48 + 27.

48 está cerca de 50. Por tanto, quítale 2 a 27 y dáselo a 48 para formar 50.

$$48 + 27 = ?$$
$$+2 - 2$$
$$50 + 25 = ?$$

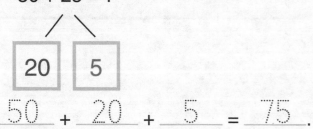

| 20 | 5 |

_50_ + _20_ + _5_ = _75_.

Por tanto, 48 + 27 = _75_.

Usa la compensación para formar números que sean más fáciles de sumar. Luego, resuelve. Muestra tu trabajo.

7. 17 + 46 = _____

8. 29 + 57 = _____

Grupo E

Puedes usar distintas estrategias y herramientas para hallar una suma.

Puedes:
- Usar una tabla de 100.
- Usar una recta numérica vacía.
- Descomponer un sumando.
- Usar la compensación.

Refuerzo
(continuación)

Resuelve. Muestra tu trabajo.

9. El rompecabezas de Ted tiene 37 piezas más que el de su hermano. El rompecabezas de su hermano tiene 48 piezas. ¿Cuántas piezas tiene el rompecabezas de Ted?

_____ piezas

Grupo F

María camina 12 cuadras el lunes.
El martes camina 4 cuadras menos.
¿Cuántas cuadras camina María en total?

Cuadras que camina María el martes:

$\underline{12}$ – $\underline{4}$ = $\underline{8}$

Cuadras que camina María el lunes y el martes:

$\underline{12}$ + $\underline{8}$ = $\underline{20}$

$\underline{20}$ cuadras

Resuelve el problema de dos pasos.

10. Vito tenía 16 crayones y compra 24 crayones más. Luego, encuentra 7 crayones más.
¿Cuántos crayones tiene Vito ahora?

_____ $(+)$ _____ = _____

_____ $(+)$ _____ = _____

_____ crayones

Hábitos de razonamiento

Construir argumentos

¿Cómo puedo usar
las matemáticas para explicar
mi trabajo?

¿Estoy usando los números
y los símbolos correctamente?

¿Es clara mi explicación?

Resuelve el problema. Usa palabras
y números para plantear un argumento
matemático.

11. La clase de segundo grado tiene
como objetivo recolectar 70 latas.
Una semana, recolecta 38 latas
y la semana siguiente, 35 latas.
¿Cumplió el objetivo la clase?

_____

_____

_____

_____

_____

1. ¿Qué opciones tienen una suma de 43? Selecciona todas las que apliquen.

☐ 33 + 10

☐ 28 + 13

☐ 10 + 33

☐ 19 + 24

☐ 10 + 21

2. Terry tiene 63 crayones. Obtiene 25 crayones más. ¿Cuántos crayones tiene Terry en total? Muestra tu trabajo.

_____ crayones

3. ¿Qué ecuación muestra la recta numérica?

Ⓐ 57 + 28 = 85   Ⓒ 57 + 33 = 90

Ⓑ 57 + 38 = 95   Ⓓ 57 + 39 = 96

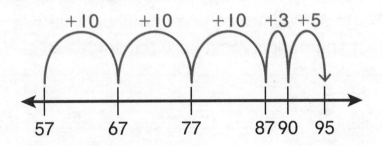

4. Usa los números de las tarjetas. Escribe los números que faltan debajo de la recta numérica para mostrar cómo hallar la suma de 40 + 35.

| 75 | 60 | 50 | 70 |

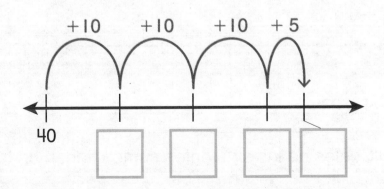

5. Colin tiene 54 monedas de 1¢ y 28 monedas de 5¢.

¿Cuántas monedas tiene Colin?

Descompón el segundo sumando para resolver el problema. Muestra tu trabajo.

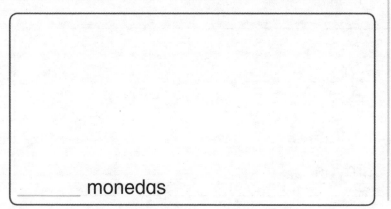

_____ monedas

6. Muestra cómo sumar 68 + 16 usando la recta numérica vacía.

68 + 16 = _____

7. Parte A Muestra cómo puedes usar una recta numérica vacía para hallar 44 + 27.

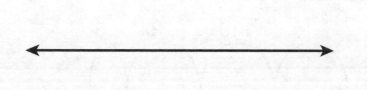

44 + 27 = _____

Parte B Explica con palabras cómo usaste la recta numérica vacía para hallar la suma o total.

8. ¿Cuáles de las siguientes sumas tienen un total de 70? Escoge todas las que correspondan.

☐ 35 + 35   ☐ 40 + 30   ☐ 45 + 45   ☐ 50 + 20   ☐ 30 + 30

9. Lisa tiene 18 marcadores.
Adam tiene 22 marcadores.
¿Caben todos sus marcadores
en una caja de 38 marcadores?

Crea un argumento matemático. Explícalo.

10. Ted tiene 52 tarjetas.
Tomás tiene 48 tarjetas más que
Ted. ¿Cuántas tarjetas tiene
Tomás? Muestra tu trabajo para
explicar tu razonamiento.

_____ tarjetas

11. ¿Cuáles de las siguientes sumas son iguales a 47 + 25? Escoge todas las que correspondan.

☐ 40 + 20 + 7 + 5 ☐ 40 + 20 + 12 ☐ 50 + 12 ☐ 50 + 22

12. Ema tiene 46 piedras.
Gabriel le da 25 piedras más.
¿Cuántas piedras tiene Ema ahora?

_____ ◯ _____ = _____

_____ piedras

41	42	43	44	45	46	47	48	49	50
51	52	53	54	55	56	57	58	59	60
61	62	63	64	65	66	67	68	69	70
71	72	73	74	75	76	77	78	79	80

13. ¿Es 64 el total de cada suma?
Escoge Sí o No.

22 + 34 + 8   ◯ Sí   ◯ No

32 + 32   ◯ Sí   ◯ No

28 + 34 + 2   ◯ Sí   ◯ No

42 + 14 + 8   ◯ Sí   ◯ No

14. Descompón el segundo sumando para hallar 56 + 38. Muestra tu trabajo.

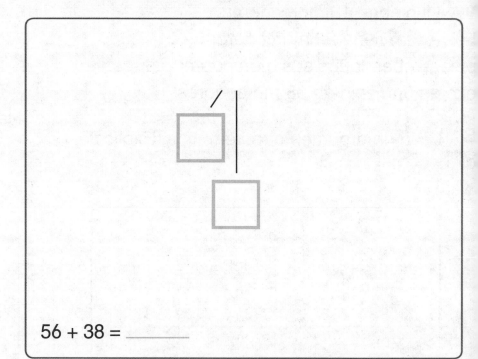

56 + 38 = _____

15. Escribe una ecuación para resolver cada parte del problema de dos pasos.

Ken tenía 45 estampillas.
Usó 20 estampillas.
Luego, compró 7 estampillas más.
¿Cuántas estampillas tiene ahora?

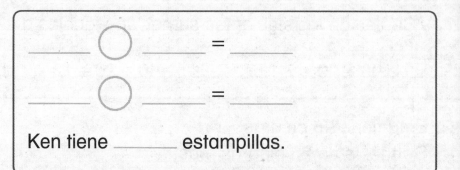

Ken tiene _____ estampillas.

16. Muestra dos maneras diferentes de hallar 28 + 49 usando la compensación.

Manera 1   **Manera 2**

Venta de palomitas de maíz

La clase del segundo grado está vendiendo palomitas de maíz para ayudarse a pagar una excursión.

Esta tabla muestra cuántas cajas vendieron algunos estudiantes.

Cajas de palomitas de maíz vendidas	
Ted	21
Nancy	19
Daniel	28
Mari	34
Elena	43

Tarea de rendimiento

1. ¿Cuántas cajas de palomitas de maíz vendieron Ted y Mari en total? Usa la recta numérica vacía para resolver el problema. Muestra tu trabajo.

⟵———————————————————⟶

_____ cajas

2. Jaime dice que Mari y Nancy vendieron en total más cajas que las que vendieron en total Daniel y Ted. ¿Estás de acuerdo con él?

Encierra en un círculo: **Sí**   **No**

Explica tu respuesta.

_____

_____

_____

_____

_____

_____

3. ¿Qué dos estudiantes vendieron en total 55 cajas? Usa cualquier estrategia para resolver el problema. Muestra tu trabajo.

Encierra en un círculo los nombres de los dos estudiantes.

Ted   Nancy   Daniel

Mari   Elena

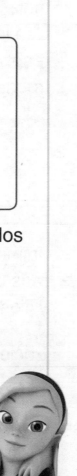

¿Qué estrategia puedo usar?

Estrategias
- tabla de 100
- recta numérica vacía
- compensación
- descomponer números

4. Nancy vendió 18 cajas menos que Lucas. ¿Cuántas cajas vendió Lucas?

Parte A Resuelve el problema. Muestra tu trabajo y explica tu razonamiento.

_____ cajas

Parte B Mira la lista de estrategias de la izquierda. Para mostrar que tu respuesta de la Parte A es correcta, usa una estrategia diferente para resolver el problema.

Sumar hasta 100 con fluidez

Pregunta esencial: ¿Cuáles son las estrategias para sumar números hasta 100?

Recursos digitales

Libro del estudiante   Aprendizaje visual   Práctica

Evaluación   Herramientas   Glosario

¡Las islas de Hawái comenzaron como volcanes!

Todavía puedes ver algunos volcanes si visitas Hawái.

¡Qué interesante! Hagamos este proyecto y aprendamos más.

Proyecto de enVision STEM: Hacer y usar modelos

Investigar Consigue y comenta libros que traten de Hawái y de volcanes. Haz un modelo de un volcán que se convierte en isla. Comenta los cambios que puede experimentar una isla a lo largo del tiempo.

Diario: Hacer un libro Muestra lo que aprendiste en un libro. En tu libro, también:

- haz dibujos para mostrar cómo los volcanes se convierten en islas.

- muestra cómo puedes usar modelos como ayuda para sumar números hasta 100.

Nombre _____

A-Z Vocabulario

1. Encierra en un círculo el dígito de las **decenas** de cada número.

   73

   53

   82

2. Encierra en un círculo el dígito de las **unidades** de cada número.

   34

   43

   97

3. **Descompón** 23 en decenas y unidades.

   23 = _____ decenas y

   _____ unidades

Cálculo mental

4. Usa el cálculo mental para hallar cada suma.

   34 + 10 = _____

   50 + 5 = _____

   20 + 40 = _____

Recta numérica vacía

5. Usa la recta numérica vacía para hallar 39 + 15.

   39 + 15 = _____

Cuento de matemáticas

6. Estela tiene 17 canicas. Diana le da 22 canicas. ¿Cuántas canicas tiene Estela ahora?

   _____ canicas

Tema 4

Nombre _____

PROYECTO 4A

¿Dónde se puede montar en bicicleta cerca de tu casa?

Proyecto: Haz un folleto de una ruta para bicicleta

PROYECTO 4B

¿Qué tipos de arrecifes de coral hay en la Florida?

Proyecto: Construye un modelo de un arrecife de coral

¿Qué coleccionas?

Proyecto: Exhibe una colección de rocas o de hojas

¿Cuánto cuesta visitar el Centro Espacial Kennedy?

Proyecto: Haz un cartel del Centro espacial

Nombre _____

Resuélvelo y coméntalo

Leila juntó 36 piedras. Su hermano juntó 27. ¿Cuántas piedras juntaron en total?

Usa bloques de valor de posición como ayuda para resolver el problema. Muestra tus bloques de valor de posición.

Puedo...
usar modelos para sumar números de 2 dígitos y luego explicar mi trabajo.

También puedo usar herramientas matemáticas correctamente.

Puedes formar 36 y 27 con bloques de valor de posición.

_____ piedras

Puedes mostrar 47 y 26 con bloques de valor de posición

Halla 47 + 26.

4 decenas   **7 unidades**   **2 decenas**   **6 unidades**

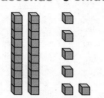

Une decenas y unidades. **Reagrupa**, si es necesario.

6 decenas   **13 unidades**

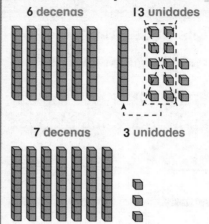

Reagrupa 13 unidades como 1 decena y 3 unidades.

7 decenas   **3 unidades**

70   3

Por tanto, 47 + 26 = _73_.

¡Convénceme! ¿Cuándo necesitas reagrupar para sumar?

☆**Práctica guiada**☆

Suma. Usa bloques de valor de posición para hallar cada suma. Reagrupa, si es necesario.

1. 32 + 29 = _____

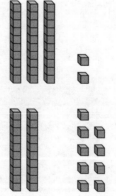

_____ decenas y
_____ unidades

2. 24 + 52 = _____

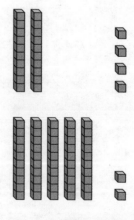

_____ decenas y
_____ unidades

3. 15 + 38 = ___

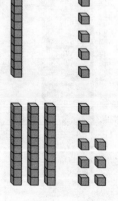

_____ decenas y
_____ unidades

Tema 4 | Lección

☆ **Práctica independiente** ☆ Suma. Usa bloques de valor de posición para hallar cada suma. Reagrupa, si es necesario.

4. $36 + 29 =$ _____

5. $27 + 23 =$ _____

6. $59 + 13 =$ _____

7. $24 + 35 =$ _____

8. $58 + 25 =$ _____

9. $15 + 46 =$ _____

10. $75 + 19 =$ _____

11. $44 + 47 =$ _____

Razonamiento de orden superior Lee la suma o total. Encierra en un círculo todos los pares de números de las cajas que sean iguales a esa suma o total.

12. Suma 22

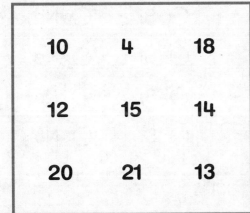

10	4	18
12	15	14
20	21	13

13. Suma 55

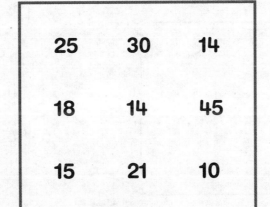

25	30	14
18	14	45
15	21	10

14. Suma 83

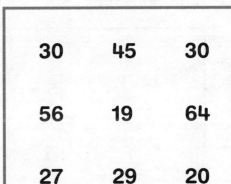

30	45	30
56	19	64
27	29	20

15. **Representar** Chano cuenta 47 botones. Luego, cuenta 20 botones más. ¿Cuántos botones cuenta en total?

_____ botones

16. **enVision®** STEM Hubo 24 terremotos en Estados Unidos en un año. Hubo 28 terremotos el año siguiente. ¿Cuántos terremotos hubo en esos dos años?

_____ terremotos

17. **Razonamiento de orden superior** Escribe un cuento de suma acerca de los escritorios y las sillas de tu clase. Usa dibujos, números o palabras.

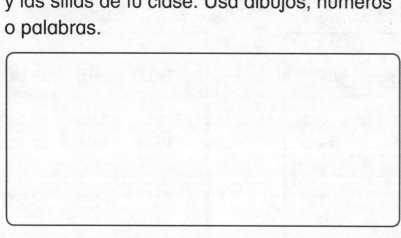

18. ☑ **Práctica para la evaluación**
¿Tienes que reagrupar para hallar la suma? Escoge Sí o No.

$62 + 34 = ?$ ◯ Sí ◯ No

$72 + 19 = ?$ ◯ Sí ◯ No

$43 + 49 = ?$ ◯ Sí ◯ No

$26 + 60 = ?$ ◯ Sí ◯ No

Resuélvelo y coméntalo

Wendy recogió 35 peras. Toni recogió 49. ¿Cuántas peras en total recogieron los dos?

Usa bloques de valor de posición como ayuda para explicar tu trabajo.

Puedo...
sumar números usando valor de posición y propiedades de las operaciones.

También puedo entender bien los problemas.

_____ peras

Halla 36 + 59.

Una manera

Usa dibujos rápidos para los sumandos.

3 decenas 6 unidades 5 decenas 9 unidades

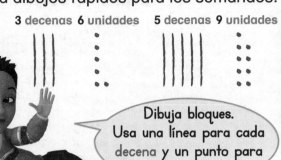

> Dibuja bloques. Usa una línea para cada decena y un punto para cada unidad.

Junta las decenas y las unidades. Reagrupa, si es necesario.

8 decenas   15 unidades

9 decenas   5 unidades

90   5

Por tanto, 36 + 59 = __95__.

Otra manera

3 decenas 6 unidades
+ 5 decenas 9 unidades

8 decenas 15 unidades

Piensa: 15 unidades es 1 decena y 5 unidades.

8 decenas 1 decena 5 unidades
80 + 10 + 5 = 95

> ¿Tiene sentido tu respuesta?

¡Convénceme! Ken suma 43 + 27. Su suma le da 60. ¿Tiene razón? Explícalo.

Práctica guiada Suma. Usa el valor de posición. Dibuja bloques o resuelve de otra manera.

1. 12 + 23 = _____

2. 18 + 42 = _____

1 decena   8 unidades
+ 4 decenas 2 unidades
5 decenas 10 unidades

10 unidades = 1 decena

5 decenas + 1 decena =
6 decenas

3. 33 + 48 = _____

Tema 4 | Lección

☆ Práctica ☆ independiente

Suma. Usa el valor de posición. Dibuja bloques o resuelve de otra manera.

4. $18 + 24 =$ _____

5. $47 + 38 =$ _____

6. $26 + 47 =$ _____

7. $34 + 58 =$ _____

8. Razonamiento de orden superior Dibuja el segundo sumando.

Primer sumando

Segundo sumando

Suma o total

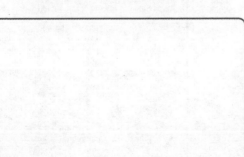

9. Toby plantó 28 árboles. Juan plantó 36. ¿Cuántos árboles plantaron los dos en total?

_____ árboles

10. Entender Gloria tiene 13 pelotas de tenis. Sam tenía 19, pero le dio 7 a Pepe. ¿Cuántas pelotas de tenis tienen Gloria y Sam ahora?

_____ pelotas de tenis

11. Razonamiento de orden superior Escribe un cuento sobre suma usando dos números de 2 dígitos. Luego, resuelve el problema de tu cuento.

12. ☑ **Práctica para la evaluación** ¿Cuál de las siguientes es la misma cantidad que $28 + 16$? Escoge todas las que apliquen.

- ☐ 3 decenas 1 decena 4 unidades
- ☐ $30 + 10 + 4$
- ☐ 34
- ☐ 44

Resuélvelo y coméntalo

La clase de la Sra. Kim tiene 25 estudiantes. La clase del Sr. Will tiene 36.

Las dos clases se fueron de excursión. ¿Cuántos estudiantes fueron de excursión?

Dibuja bloques de valor de posición para ayudarte a resolver el problema.

Puedo...
sumar usando el valor de posición y sumas parciales.

También puedo buscar patrones.

_____ estudiantes

Halla 57 + 28.

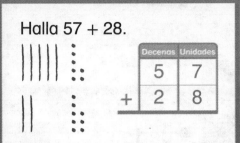

Decenas	Unidades
5	7
+ 2	8

Puedo usar bloques de valor de posición para sumar y anotar sumas parciales.

Suma las decenas.

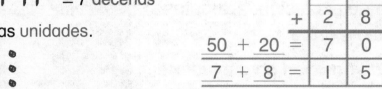

5 decenas + 2 decenas
= 7 decenas

Suma las unidades.

7 unidades + 8 unidades = 15 unidades

70 y 15 son las sumas parciales.

Escribe las sumas parciales.

Decenas	Unidades
5	7
+ 2	8

$50 + 20 =$ | 7 | 0 |
$7 + 8 =$ | 1 | 5 |

Luego, suma las sumas parciales para hallar la suma o total.

Decenas	Unidades
5	7
+ 2	8

$50 + 20 =$ | 7 | 0 |
$7 + 8 =$ | 1 | 5 |
Suma o total = | 8 | 5 |

Por tanto, 57 + 28 = 85.

¡Convénceme! ¿Puedes sumar las unidades y luego las decenas para hallar 57 + 28 usando sumas parciales? Explícalo.

Práctica guiada Suma. Usa sumas parciales. Dibuja bloques, si es necesario.

1. 24 + 13

Decenas	Unidades
2	4
+ 1	3

$20 + 10 =$ | 3 | 0 |
$4 + 3 =$ | | 7 |
Suma o total = | | |

2. 68 + 7

Decenas	Unidades
6	8
+	7

$60 + 0 =$ | | |
$8 + 7 =$ | | |
Suma o total = | | |

Tema 4 | Lección 3

Herramientas   Evaluación

☆ Práctica independiente

Suma. Usa sumas parciales. Dibuja bloques si es necesario.

3. 34 + 25

Decenas	Unidades
3	4
+ 2	5

____ + ____ =

____ + ____ =

Suma o total =

4. 68 + 18

Decenas	Unidades
6	8
+ 1	8

____ + ____ =

____ + ____ =

Suma o total =

5. 37 + 8

Decenas	Unidades
3	7
+	8

____ + ____ =

____ + ____ =

Suma o total =

6. 52 + 38

Decenas	Unidades
5	2
+ 3	8

____ + ____ =

____ + ____ =

Suma o total =

7. 45 + 29

Decenas	Unidades
4	5
+ 2	9

____ + ____ =

____ + ____ =

Suma o total =

8. 28 + 39

Decenas	Unidades
2	8
+ 3	9

____ + ____ =

____ + ____ =

Suma o total =

Sentido numérico Escribe el dígito que falta de las decenas o de las unidades.

9. 23 + 1[ ] = 37

10. 59 = [ ]8 + 31

11. Representar Hay 34 estudiantes en el área de juego y 17 en el gimnasio. ¿Cuántos estudiantes hay en total?

_____ estudiantes

12. Sarah pone 8 rosas blancas en un florero. Luego, pone 7 rosas rojas y 12 rosas amarillas. ¿Cuántas rosas hay en el florero ahora?

_____ rosas

Piensa cómo puedes descomponer el problema en pasos.

13. Razonamiento de orden superior Escribe el dígito que falta de las decenas o de las unidades. ¿Qué estrategia usaste?

$12 + 3\boxed{} = 50$

$24 + 3\boxed{} = 60$

$35 + 3\boxed{} = 70$

14. ☑ **Práctica para la evaluación** ¿Cuál es la suma o total de $28 + 36$? Usa sumas parciales para resolver.

Ⓐ 8

Ⓑ 12

Ⓒ 54

Ⓓ 64

Nombre ______________________________

Resuélvelo y coméntalo Suma 46 + 26.

Explica cómo resolviste el problema.

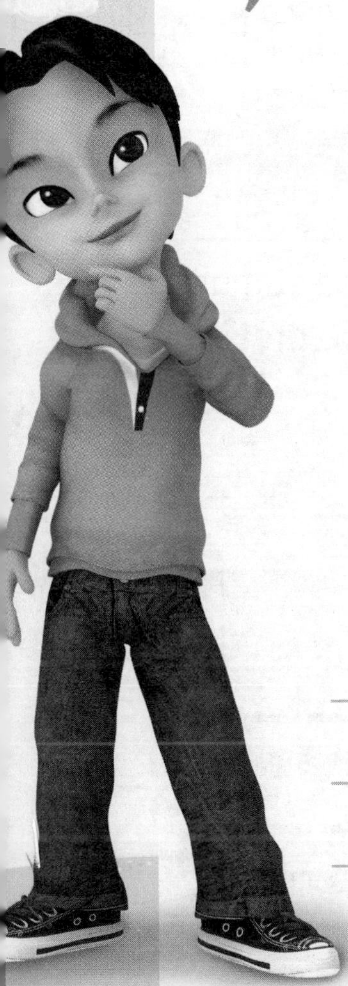

____

____

____

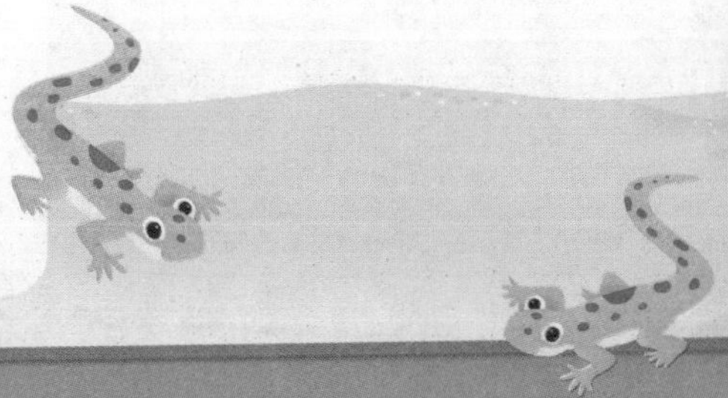

Lección 4-4

Sumar usando el cálculo mental y sumas parciales

Puedo...
sumar usando el valor de posición y sumas parciales.

También puedo construir argumentos matemáticos.

Halla 56 + 17.

Puedo usar el cálculo mental y el valor de posición para sumar.

Descompón mentalmente los números usando decenas y unidades.

56 + 17 = ?

50   10

6   7

Halla las sumas parciales.
Halla la suma o total.

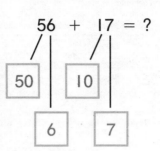

Piensa: 50 + 10
Piensa: 6 + 7

	Decenas	Unidades
	5	6
+	1	7
Decenas:	6	0
Unidades:	1	3
Suma o total:	7	3

Por tanto, 56 + 17 = 73.

¡Convénceme! Rogelio resolvió 54 + 27. El total que obtuvo fue 71. ¿Es correcta la respuesta? ¿Por qué? Usa sumas parciales para comprobar tu respuesta.

Práctica guiada

Escribe el problema de suma. Usa sumas parciales. Suma de la manera que prefieras. Muestra tu trabajo.

1. 34 + 17

	Decenas	Unidades
+		
Decenas:		
Unidades:		
Suma o total:		

2. 52 + 31

	Decenas	Unidades
+		
Decenas:		
Unidades:		
Suma o total:		

3. 35 + 26

	Decenas	Unidades
+		
Decenas:		
Unidades:		
Suma o total:		

Nombre _____

Herramientas   Evaluación

☆ **Práctica** ☆
independiente

Escribe el problema de suma. Usa sumas parciales y suma de la manera que prefieras. Muestra tu trabajo.

4. 15 + 28

Decenas	Unidades
+	

Decenas:

Unidades:

Suma o total:

5. 29 + 20

Decenas	Unidades
+	

Decenas:

Unidades:

Suma o total:

6. 63 + 29

Decenas	Unidades
+	

Decenas:

Unidades:

Suma o total:

7. 37 + 48

Decenas	Unidades
+	

Decenas:

Unidades:

Suma o total:

Suma de la manera que prefieras. Muestra tu trabajo.

8. 67 + 17 = _____

9. 15 + 18 = _____

10. 43 + 49 = _____

11. 62 + 28 = _____

Razonamiento de orden superior Escribe los dígitos que faltan de las unidades o las decenas.

12. 27 + 2☐ = 50

13. 3☐ + 16 = 48

14. ☐4 + 49 = 93

15. Amir plantó 25 árboles. Juan plantó 27. ¿Cuántos árboles plantaron en total?

_____ árboles

16. El lunes, Sandra puso 32 monedas de 1¢ en su alcancía. El martes, puso 57 monedas de 1¢ en su alcancía. ¿Cuántas monedas puso en su alcancía los dos días?

_____ monedas de 1¢

17. Razonamiento de orden superior
Escribe un cuento de suma usando números de 2 dígitos. Luego, resuelve el problema de tu cuento.

_____
_____
_____
_____
_____

18. ☑ **Práctica para la evaluación**
Halla 52 + 39 usando sumas parciales. Muestra cómo resolviste el problema.

$52 + 39 =$ _____

Resuélvelo y coméntalo

Mónica tiene 24 crayones y Paul tiene 64. ¿Cuántos crayones tienen en total?

Usa bloques de valor de posición o haz un dibujo para explicar tu trabajo.

Descomponer números y sumar usando el cálculo mental

Puedo...
sumar hasta 100 usando estrategias de valor de posición.

También puedo razonar sobre las matemáticas.

_____ crayones

Halla 27 + 35.

Para sumar mentalmente, puedes descomponer números de diferentes maneras.

Una manera

Descompón el segundo sumando para formar 10.

$$27 + 35 = ?$$

3   32

30

62

Por tanto, 27 + 35 = 62.

Otra manera

Descompón el segundo sumando en decenas y unidades.

$$27 + 35 = ?$$

30   5

57   3   2

60

62

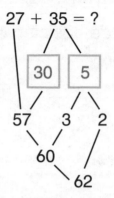

Suma 30 + 27 = 57.
Después, 57 + 3 = 60.
Luego, 60 + 2 = 62.

Por tanto, 27 + 35 = 62.

¡Convénceme! Explica una manera de descomponer números para hallar 14 + 32.

Práctica guiada Halla cada suma usando el cálculo mental. Dibuja bloques si es necesario.

1. 17 + 52 = _____

50   2

67

69

2. _____ = 69 + 23

☐   ☐

Tema 4 | Lección 5

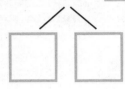 **Práctica** ✬
independiente Halla cada suma usando el cálculo mental. Dibuja bloques si es necesario.

3. 23 + 26 = _____

□ □

4. 9 + 42 = _____

□ □

5. _____ = 51 + 16

□ □

6. 56 + 15 = _____

7. _____ = 76 + 18

8. 33 + 49 = _____

Suma decenas y unidades para resolver.

9. Álgebra Un número hace que ambas ecuaciones sean verdaderas. Halla el número que falta.

17 + □ = 28

□ + 28 = 39

Generalizar Resuelve cada problema mentalmente. Muestra tu trabajo. Piensa en los pasos que sigues cada vez que descompones números para sumar.

10. Billy tiene 34 ruedas de patinetas apiladas. Coloca 34 más en otra pila. ¿Cuántas ruedas tiene Billy en total?

_____ ruedas

11. **enVision®** STEM En un pueblo se construyó una oficina y una casa nueva. Se necesitaron 24 ventanas para la oficina y 18 para la casa. ¿Cuántas ventanas se necesitaron en total?

_____ ventanas

12. **Razonamiento de orden superior**
Escribe un problema-cuento sobre suma acerca de 14 + 41. Luego, resuelve el problema.

$14 + 41 =$ _____

13. ☑ **Práctica para la evaluación**
Usa el cálculo mental para resolver $15 + 12$. Explica por qué funciona la estrategia.

Nombre _____

$12 + 34 + 28 = ?$

Tom dice que puede hallar la suma sumando primero 28 y 12. Dice que puede sumar 34 a la suma de 28 y 12 para hallar el total.

¿Estás de acuerdo? Usa dibujos, palabras y números para crear un argumento matemático.

Luego, resuelve el problema. Muestra tu trabajo.

Puedo...

sumar tres o cuatro números de 2 dígitos.

También puedo construir argumentos matemáticos.

$12 + 34 + 28 =$ _____

Aprendizaje visual   A-Z Glosario

Halla 24 + 35 + 16 + 17.

Muestra cada sumando dibujando decenas y unidades. Une las decenas. Une las unidades. Luego, suma las sumas parciales.

Una manera

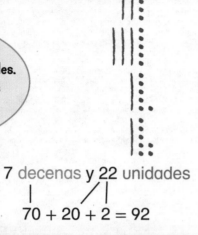

7 decenas y 22 unidades

70 + 20 + 2 = 92

Escribe las sumas parciales y halla la suma.

	Decenas	Unidades
	2	4
	3	5
	1	6
+	1	7
Decenas:	7	0
Unidades:	2	2
Suma o total:	9	2

Otra manera

Usa la propiedad conmutativa.

24 + 16 + 35 + 17 = ?

40   **52**

40 + 52 = 92

Por tanto,
24 + 35 + 16 + 17 = 92.

¡Convénceme! Mira arriba. ¿Por qué crees que cambió el orden de los sumandos? ¿Por qué crees que 24 y 16 se sumaron juntos?

Práctica guiada Suma. Usa cualquier estrategia. Muestra tu trabajo.

1. 18 + 15 + 12 = _____

18 + 12 + 15 = ?

30   + 15 = ?

30 + 15 = 45

2. 11 + 14 + 39 = _____

3. 21 + 14 + 41 + 22 = _____

4. 21 + 15 + 32 + 25 = _____

 Tema 4 | Lección

☆ Práctica independiente

Suma. Usa cualquier estrategia. Muestra tu trabajo.

5. $27 + 21 + 13 =$ _____

6. $16 + 32 + 28 =$ _____

7. $32 + 14 + 42 =$ _____

8. $25 + 17 + 24 + 15 =$ _____

9. $32 + 16 + 18 + 31 =$ _____

10. $37 + 11 + 13 + 38 =$ _____

Álgebra Halla los números que faltan.

11. $8 + 3 + \boxed{} + 2 = 18$

12. $5 + \boxed{} + 6 + 5 = 19$

13. $7 + 27 + 23 + \boxed{} = 61$

14. $\boxed{} + 24 + 18 + 4 = 52$

15. 28 camiones son azules.
32 camiones son amarillos.
17 camiones son verdes.
11 camiones son rosados.
¿Cuántos camiones hay
en total?

_____ camiones

16. Joel ganó 19 boletos en marzo,
24 en abril, 23 en mayo y 16 en junio.
¿Cuántos boletos tiene Joel en total?

_____ boletos

17. **Razonamiento de orden superior** Enrique está
sumando 24, 36 y 18. Forma una decena para
sumar. ¿Qué dígitos de las unidades debe sumar
primero? Explícalo.

_____

_____

_____

18. ☑ **Práctica para la evaluación** Halla
la suma o total. Usa cualquier estrategia.
Muestra tu trabajo.

$$25 + 16 + 15 + 38 = \underline{\hspace{1cm}}$$

Resuélvelo y coméntalo

María tenía 39 calcomanías y Sally tenía 28. Encontraron 14 calcomanías más. ¿Cuántas calcomanías tienen ahora en total?

Resuelve. Usa cualquier estrategia. Explica cómo hallaste la respuesta.

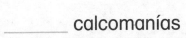

_____ calcomanías

Lección 4-7

Practicar la suma usando estrategias

Puedo...
usar el cálculo mental, estrategias y modelos para sumar dos, tres o cuatro números.

También puedo representar con modelos matemáticos.

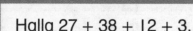
Halla 27 + 38 + 12 + 3.
Una manera: Usa sumas parciales.

Decenas	Unidades
2	(7)
3	8
1	2
+	(3)

Decenas:	6	0
Unidades:	2	0
Suma o total:	8	0

Busca números compatibles para formar decenas.
7 + 3 = 10
8 + 2 = 10
10 + 10 = 20

Otra manera: Descompón los sumandos según su valor de posición. Luego, usa el cálculo mental.

Suma las decenas.
20 + 30 + 10 = 60

Suma las unidades.
7 + 8 + 2 + 3 = 20

Suma las sumas parciales.
60 + 20 = 80

Otra manera

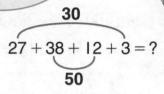

También puedes sumar los números en diferente orden.

30
27 + 38 + 12 + 3 = ?
50

30 + 50 = 80
Por tanto, 27 + 38 + 12 + 3 = 80.

¡Convénceme! Halla la suma o total de 14 + 28 + 33 + 22. Explícalo.

☆Práctica guiada☆ Suma. Usa cualquier estrategia. Muestra tu trabajo.

1. 18 + 43 + 12 = _____

10 + 40 + 10 = 60
8 + 3 + 2 = 13
60 + 13 = 73

2. 29 + 47 = _____

3. 9 + 34 + 21 = _____

4. 33 + 27 + 18 + 13 = _____

Tema 4 | Lección 7

Herramientas Evaluación

☆ Práctica independiente

Suma. Usa cualquier estrategia. Muestra tu trabajo.

5. $31 + 5 + 29 =$ _____

6. $20 + 18 + 16 =$ _____

7. $8 + 17 =$ _____

Suma. Usa sumas parciales. Piensa en números compatibles.

8.
```
    25
    13
    12
 +   5
```

9.
```
     9
    29
     5
 +  35
```

10.
```
    18
    24
    42
 +   6
```

11.
```
    27
    15
    33
 +  24
```

12.
```
    13
     7
    20
 +  55
```

Sentido numérico Resuelve los problemas. ¿En qué orden sumaste los números? Explícalo.

13. $22 + 17 + 8 + 3 =$ _____

_____

_____

_____

14. $5 + 12 + 15 + 3 =$ _____

_____

_____

_____

15. Representar Kim tiene 38 conchas marinas. Matt tiene 27. Usa sumas parciales para hallar cuántas conchas marinas tienen los dos en total. Luego, comprueba tu respuesta sumando de otra manera.

_____ conchas marinas

16. enVision® STEM

Los fósiles se forman lentamente a lo largo de millones de años. Muchos fósiles provienen del mar. Karen tiene 9 fósiles, Gaby tiene 12, Lola tiene 6 y Jairo tiene 8. ¿Cuántos fósiles tienen todos en total?

_____ fósiles

17. Razonamiento de orden superior Halla la suma de $42 + 13 + 18 + 7 =$ _____. Explica por qué funciona tu estrategia.

18. ☑ Práctica para la evaluación Halla la suma de $17 + 29 + 46$. Usa cualquier estrategia. Muestra tu trabajo.

$17 + 29 + 46 =$ _____

Nombre ______________________________

Lección 4-8

Resolver problemas de uno y de dos pasos

Resuélvelo y coméntalo Los alumnos de las clases de segundo grado van de excursión a un parque. La Clase Verde ve 23 animales. La Clase Azul ve 14 animales y la Clase Amarilla ve 32. ¿Cuántos animales vieron en total?

Resuelve usando dibujos, modelos o una ecuación. Debes estar listo para explicar tu trabajo.

Puedo...
usar dibujos, modelos y ecuaciones para resolver problemas de uno y dos pasos.

También puedo entender bien los problemas.

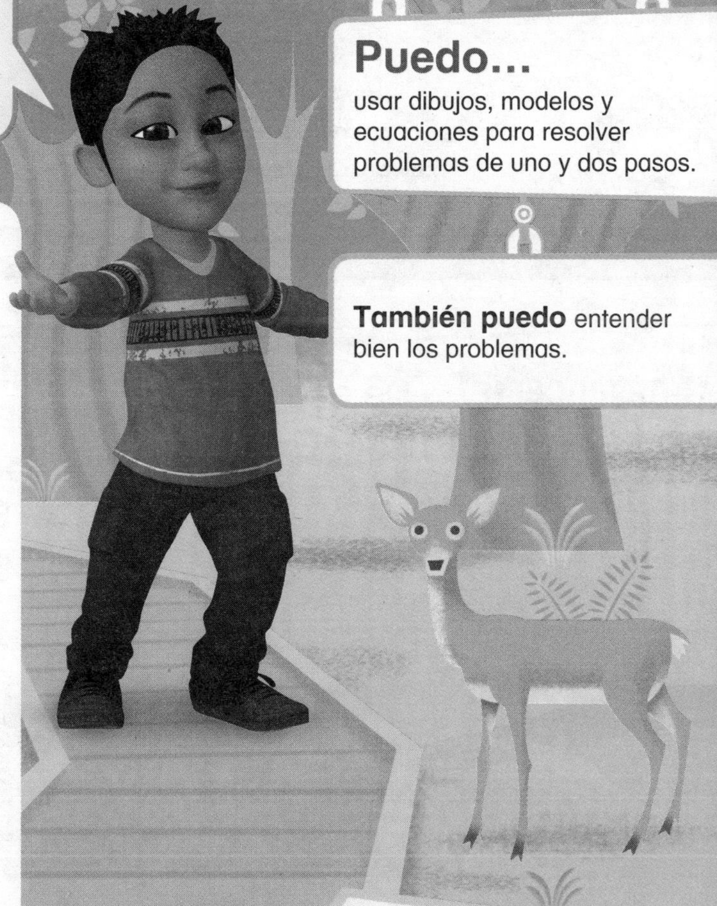

______ animales

Alina y David contaron 36 mariposas. De pronto llegaron más mariposas. Ahora hay 53 mariposas.

¿Cuántas mariposas llegaron? _____

El total es 53. En el primer grupo hay 36 mariposas. Usaré un diagrama de barras para representar el problema.

53

| 36 | ? |

$36 + ? = 53$

Puedo usar el cálculo mental para hallar $36 + ? = 53$.

Piensa: $36 + 10 = 46$
$46 + 4 = 50$
$50 + 3 = 53$

$10 + 4 + 3 = 17$

Por tanto,
$36 + \underline{\quad 17 \quad} = 53$.

Por tanto, 17 nuevas mariposas llegaron. Comprueba tu trabajo.

$$\begin{array}{r} 36 \\ + 17 \\ \hline \end{array}$$

Decenas: 40
Unidades: 13
Suma: 53

La respuesta tiene sentido.

$36 + 17 = 53$

¡Convénceme! ¿De qué otra manera puedes usar el cálculo mental para hallar $36 + ? = 53$

Práctica guiada Usa el diagrama de barras y el cálculo mental para resolver el problema. Luego, comprueba tu trabajo.

1. Bruce compró 18 huevos. Usó 10 para cocinar. Luego, compró 36 huevos más. ¿Cuántos huevos tiene Bruce ahora?

Comprueba:

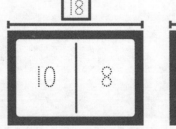
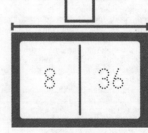

$\underline{18} \; \bigcirc\!\!\!- \; \underline{10} \; = \; \underline{8}$

$\underline{8} \; \oplus \; \underline{36} \; = \; \underline{\quad}$

_____ huevos

Tema 4 | Lección 8

☆ Práctica independiente

Usa los diagramas de barras y el cálculo mental para resolver cada problema. Luego, comprueba tu trabajo.

2. Elisa tiene 34 botones más que Julio.
Julio tiene 49 botones.
¿Cuántos botones tiene Elisa?

Comprueba:

_____ ◯ _____ = _____

_____ botones

3. Hay 20 estudiantes en el autobús.
Se bajan 10 y luego se suben 15. ¿Cuántos estudiantes hay en el autobús ahora?

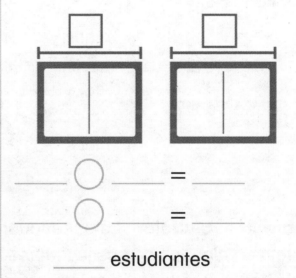

Comprueba:

_____ ◯ _____ = _____

_____ ◯ _____ = _____

_____ estudiantes

4. Wendy tiene 14 crayones más que Oscar.
Oscar tiene 54 crayones.
¿Cuántos crayones tiene Wendy?

El diagrama de barras te ayuda a ver cómo se relacionan los números.

Comprueba:

_____ ◯ _____ = _____

_____

5. **Entender** Myriam tiene 17 higos. Kelly tiene 20 higos más que Myriam. Toby tiene 33 higos más que Kelly. ¿Cuántos higos tiene Kelly y cuántos higos tiene Toby?

Paso 1:

¿Cuántos higos tiene Kelly?

_____ ◯ _____ = _____ _____ higos

Paso 2:

¿Cuántos higos tiene Toby?

_____ ◯ _____ = _____ _____ higos

6. **Razonamiento de orden superior**
Hay 8 niñas y algunos niños en la piscina. En total, hay 17 niños y niñas en la piscina. Algunos niños más se meten a nadar. Ahora hay 13 niños en la piscina. ¿Cuántos niños más se metieron a la piscina?

Paso 1:

_____ ◯ _____ = _____

Paso 2:

_____ ◯ _____ = _____

_____ niños más se metieron a la piscina.

> Resuelve un problema a la vez.

7. ☑ **Práctica para la evaluación** La entrenadora de fútbol tiene 18 camisetas. Les da 9 camisetas a algunos de sus jugadores. Luego, recibe 11 camisetas más. ¿Cuántas camisetas le quedan a la entrenadora?

Muestra cómo puedes resolver el problema en dos pasos.

Paso 1:   **Paso 2:**

A la entrenadora le quedan _____ camisetas.

Nombre _____

Resuélvelo y coméntalo

Kim guarda 25 juguetes en una caja de juguetes. Después guarda 17 juguetes más. ¿Cuántos juguetes hay en total en la caja de juguetes?

Usa un modelo para mostrar el problema. Debes estar listo para explicar cómo tu modelo te ayuda a resolver el problema.

Puedo...
usar modelos matemáticos para resolver problemas.

También puedo sumar números de dos dígitos.

Hábitos de razonamiento

¿Puedo escribir una ecuación o usar un dibujo, un diagrama, una tabla, una gráfica u objetos para mostrar el problema?

_____ juguetes

Eric tiene 29 crayones. Compra una caja de 16 crayones. ¿Cuántos crayones tiene en total?

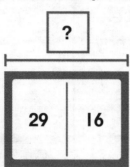

Estos son algunos modelos que puedes usar o hacer.

Modelos
matrices
diagramas de barras
dibujos
ecuaciones

¿Qué modelo puedo usar para mostrar este problema?

?

| 29 | 16 |

$29 + 16 = ?$

También puedo representar el problema con una ecuación. En una ecuación se usan números y símbolos.

Puedo mostrar las partes y el todo con un diagrama de barras.

$29 + 16 = ?$
$+1 \quad -1$
$30 + 15 =$
$30 + 10 + 5 = 45$
Por tanto,
$29 + 16 = 45.$

Puedo usar cualquier estrategia para hallar la suma.

Por tanto, Eric tiene 45 crayones en total.

¡Convénceme! ¿De qué manera dibujar un diagrama de barras o escribir una ecuación pueden representar un problema? ¿Qué otro modelo puedes usar para representar el problema?

Práctica guiada Completa el diagrama de barras. Escribe una ecuación para representar el problema. Luego, resuélvelo.

1. Flora tiene 24 libros sobre aves y 18 libros sobre insectos. ¿Cuántos libros tiene Flora en total?

   __24__ ⊕ __18__ = __?__ libros

   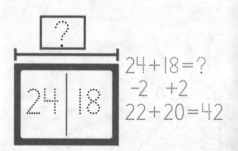

   ?

   | 24 | 18 |

   $24 + 18 = ?$
   $-2 \quad +2$
   $22 + 20 = 42$

2. Bárbara vio 14 carros en la calle Rosa. En la calle Clavel vio 15 carros. ¿Cuántos carros más vio Bárbara en la calle Rosa?

   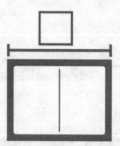

   ____ ◯ ____ = ____ carros

Tema 4 | Lección 9

☆ **Práctica independiente** ☆ Haz un modelo para mostrar cada problema. Luego, usa el modelo para resolverlo. Muestra tu trabajo.

3. Avi toma 16 fotos.
   Luego, toma 17 fotos más.
   ¿Cuántas fotos tomó Avi?

Recuerda que puedes usar diferentes modelos. Debes estar listo para explicar cómo tu modelo muestra el problema.

4. Tina recoge 55 arándanos azules y se come 6. Luego, recoge 27 más. ¿Cuántos arándanos azules tiene Tina ahora?

5. Rafa encuentra 47 bellotas en el jardín de su casa. En el patio encuentra 29. ¿Cuántas bellotas encontró Rafa en total?

Safari en África

La familia Santos está de safari en África. La tabla de la derecha muestra la cantidad de animales que vieron.

¿Cuántos animales vieron?

Cantidad de animales	
Jirafas	15
Elefantes	9
Leones	16
Cebras	11

6. **Entender** ¿Qué sabes? ¿Qué se te pide que halles?

_____

_____

_____

7. **Representar** Haz un modelo como ayuda para hallar cuántos animales vieron. Debes estar listo para explicar por qué escogiste ese modelo.

8. **Representar** ¿Qué otro modelo podrías usar para mostrar el problema? Haz otro modelo. ¿Qué modelo piensas que es mejor? Explícalo.

_____

_____

Nombre _____

Actividad de práctica de fluidez

Apunta y cuenta

Trabaja con un compañero. Necesitan papel y lápiz. Cada uno escoge un color diferente: celeste o azul.

El compañero 1 y el compañero 2 señalan uno de sus números negros al mismo tiempo y suman los números.

Si la respuesta está en el color que escogiste, puedes anotar una marca de conteo. Sigan la actividad hasta que uno de los compañeros tenga doce marcas de conteo.

Puedo...
sumar hasta 20.

También puedo construir argumentos matemáticos.

Compañero 1

7

4

9

6

8

5

| 13 | 17 | 14 | 10 | 9 | 12 |
| 15 | 11 | 8 | 18 | 13 | 16 |

Compañero 2

8

6

5

4

7

9

Marcas de conteo para el compañero 1

Marcas de conteo para el compañero 2

Lista de palabras
- decenas
- números compatibles
- reagrupar
- suma o total
- sumandos
- suma parcial
- unidades

Comprender el vocabulario
Usa el problema de la derecha.
Escribe *suma parcial* o *suma o total* donde corresponda.

Decenas	Unidades
6	8
+ 1	9
7	0
1	7
8	7

1. 70 es una _____.

2. 17 es una _____.

3. 87 es la _____.

4. Usa la columna de las unidades del problema de la derecha. ¿Qué números compatibles puedes sumar para formar una decena de dos maneras diferentes?

Escribe dos ecuaciones diferentes.

Decenas	Unidades
3	8
1	4
2	2
+	6

Usar el vocabulario al escribir
5. Resuelve 27 + 35 descomponiendo ambos sumandos. Indica cómo resolviste el problema. Usa términos de la Lista de palabras.

_____

_____

_____

Nombre _____

Grupo A

Halla 55 + 17. Usa bloques de valor de posición. Muestra los sumandos. Une las **decenas** y **unidades**. Reagrupa si es necesario.

10 unidades =
1 decena

Cuenta los bloques.

7 decenas   **2 unidades**

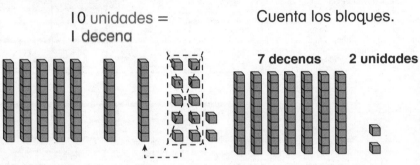

Por tanto, 55 + 17 = _72_ .

Refuerzo

Suma. Usa bloques de valor de posición para mostrar tu trabajo. Reagrupa si es necesario.

1. 36 + 23 = ____

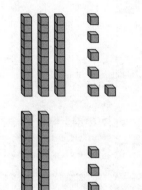

2. 19 + 44 = ____

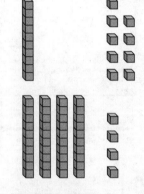

____ decenas ____ unidades   ____ decenas ____ unidades

Grupo B

Halla 24 + 49. Dibuja bloques de valor de posición para mostrar los sumandos. Une las **decenas** y **unidades**. Reagrupa si es necesario.

10 unidades =
1 decena

Cuenta los bloques.

7 decenas   **3 unidades**

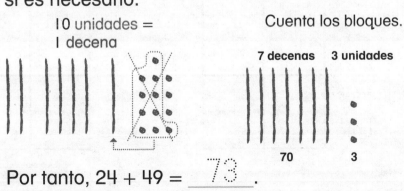

70   **3**

Por tanto, 24 + 49 = _73_ .

Suma. Usa valores de posición y dibuja bloques.

3. 64 + 13 = ____

4. 27 + 56 = ____

Puedes dibujar bloques y usar sumas parciales para hallar 46 + 37.

Decenas	Unidades
4	6
+ 3	7
40 + 30 = 7	0	Suma las decenas.
6 + 7 = 1	3	Suma las unidades.
Suma = 8	3	Suma las sumas parciales.

Suma. Dibuja bloques de valor de posición y usa sumas parciales.

5. 33 + 57
Dibujos:

Decenas	Unidades
3	3
+ 5	7
+ ___ = ___		
+ ___ = ___		
Suma =		

Halla 29 + 63. Puedes descomponer los sumandos y usar sumas parciales.

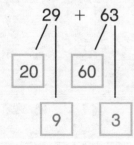

Decenas	Unidades
2	9
+ 6	3
Decenas: 8	0
Unidades: 1	2
Suma: 9	2

Suma. Descompón los sumandos y usa sumas parciales.

6.

Decenas	Unidades
1	7
+ 7	7
Decenas:	
Unidades:	
Suma:	

7.

Decenas	Unidades
2	4
+ 3	8
Decenas:	
Unidades:	
Suma:	

Nombre _____

Grupo E

Halla 32 + 19. Descompón el segundo sumando y suma mentalmente.

$32 + 19 =$ _____ ?   Suma $32 + 10 = 42$.

Después, $42 + 8 = 50$.

Luego $50 + 1 = 51$.

10   9

42   8   1

50

51

Descompón el segundo sumando para sumar. Muestra tu trabajo.

8. $24 + 55 =$ _____

☐ ☐

9. $64 + 27 =$ _____

☐ ☐

Grupo F

Usa sumas parciales para hallar $65 + 7 + 13$.

Decenas	Unidades
6	5
	7
+ 1	3
Decenas: 7	0
Unidades: 1	5
Suma: 8	5

← Busca números
← compatibles
para formar
decenas.
$7 + 3 = 10$

Por tanto, $65 + 7 + 13 =$ 85 .

Suma usando sumas parciales.

10.

Decenas	Unidades
2	2
2	1
	9
+ 1	8
Decenas:	
Unidades:	
Suma:	

11.

Decenas	Unidades
4	1
1	5
2	9
+ 1	0
Decenas:	
Unidades:	
Suma:	

Hay 27 estudiantes almorzando.
Se les unen más estudiantes.
Ahora hay 63 estudiantes almorzando.
¿Cuántos estudiantes se les unieron?

Escribe una ecuación: $27 + ? = 63$
Cuenta hacia adelante para hallar el
sumando que falta:

$27 + 30 = 57$	$30 + 3 + 3 = \underline{36}$
$57 + 3 = 60$	$27 + \underline{36} = 63$
$60 + 3 = 63$	

Por tanto, se les unieron 36 estudiantes.

Completa el diagrama de barras, escribe
una ecuación y resuelve el problema.

12. Lina tiene 24 crayones.
Después consigue algunos
crayones más.
Ahora tiene 42 crayones.
¿Cuántos crayones
consiguió Lina?

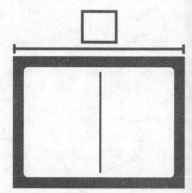

Haz un modelo y resuelve el problema.

Hábitos de razonamiento

**Representar con modelos
matemáticos**

¿Puedo usar un dibujo, diagrama,
tabla, gráfica u objetos para mostrar
el problema?

¿Puedo escribir una ecuación para
mostrar el problema?

13. Un grupo de estudiantes va al museo en autobús.
En el autobús A van 28 estudiantes. En el autobús E
van 27 estudiantes.
¿Cuántos estudiantes viajan en ambos autobuses?

Práctica para
la evaluación

1. Kelly tiene 46 cuentas.
Su hermana le da 28 cuentas más.
¿Cuántas cuentas tiene Kelly ahora?

Ⓐ 18   Ⓒ 64

Ⓑ 22   Ⓓ 74

2. ¿Qué sumas son iguales
a 45 + 38? Escoge todas
las que apliquen.

☐ 40 + 30 + 5 + 8   ☐ 93

☐ 45 + 30 + 5 + 3   ☐ 40 + 30 + 10

☐ 83

3. ¿Es la suma igual a 81? Escoge Sí o No.

35 + 56 = ?   ◯ Sí ◯ No

52 + 29 = ?   ◯ Sí ◯ No

31 + 49 = ?   ◯ Sí ◯ No

63 + 18 = ?   ◯ Sí ◯ No

4. Halla 27 + 44 usando sumas parciales.
Muestra cómo resolviste el problema.

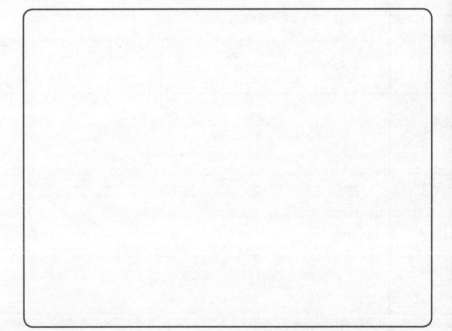

5. ¿Cuál es la suma de 57 + 15?

Ⓐ 82

Ⓑ 72

Ⓒ 62

Ⓓ 42

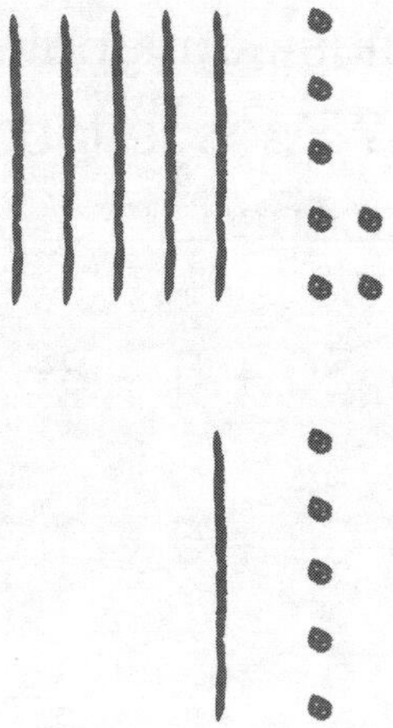

6. ¿Qué sumas son iguales a 13 + 8 + 7?
Escoge todas las que apliquen.

☐ 20 + 8

☐ 10 + 10 + 8

☐ 18

☐ 28

☐ 20 + 7

7. ¿Cuál es la suma de 26 + 53 + 7?
Muestra tu trabajo.

26 + 53 + 7 = _____

8. Halla la suma de 23 y 19.
Luego, réstale 10 a esa suma.
Muestra y explica tu trabajo.

La respuesta es _____ .

Nombre _____

Práctica para la evaluación
(continuación)

9. A. Halla la suma. Usa una estrategia. Muestra tu trabajo.

$25 + 37 + 15 + 8 =$ _____

B. Explica cómo hallaste la suma y por qué funciona tu estrategia.

_____

_____

_____

_____

_____

10. La señora Rivas tiene 12 tabletas digitales.
Luego, consigue 9 tabletas más.
En la clase hay 20 estudiantes.
Si le da una tableta a cada estudiante,
¿cuántas tabletas le quedan?
Usa ecuaciones para resolver el problema.

_____ tableta o tabletas

11. ¿Cuál es la suma de 59 + 33?

Dibuja bloques de valor de posición y muestra tu trabajo en el recuadro azul.

59 + 33 = _____

12. A cada ecuación le falta un sumando. Búscalo en las tarjetas numéricas. Une con líneas. Luego, escribe el sumando que falta en el recuadro gris.

5

6

7

8

$\bigcirc$ $6 + 14 + \square + 3 = 30$

$\bigcirc$ $3 + 32 + 7 + \square = 50$

$\bigcirc$ $25 + 25 + \square + 5 = 60$

$\bigcirc$ $5 + \square + 15 + 14 = 40$

13. Beto tiene 17 canicas más que Tony.
Tony tiene 64 canicas.
¿Cuántas canicas tiene Beto?

Usa el diagrama de barras para representar y resolver el problema. Muestra tu trabajo.

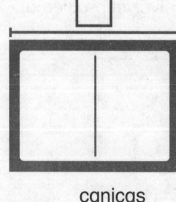

_____ canicas

 Tema 4 | Práctica para la evaluación

Nombre _____

Nuestras mascotas

Los estudiantes hacen dibujos de sus mascotas. La tabla muestra la cantidad de mascotas que tienen los estudiantes.

Cantidad de mascotas		
Perros	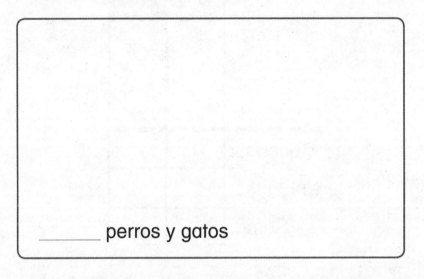	41
Gatos		29
Conejos		6
Peces		24

1. ¿Cuántos perros y gatos tienen los estudiantes? Muestra tu trabajo.

_____ perros y gatos

2. ¿Cuántos gatos y peces tienen los estudiantes? Muestra tu trabajo.

_____ gatos y peces

3. Usa sumas parciales para hallar cuántos gatos, conejos y peces tienen los estudiantes. Asegúrate de comprobar tu trabajo.

Decenas	Unidades
+	
Decenas:	
Unidades:	
Suma:	

¿Cuántos gatos, conejos y peces hay en total?

_____ gatos, conejos y peces

4. Explica cómo usar sumas parciales al sumar.

_____

_____

_____

5. Los estudiantes también dibujan 10 hámsteres, 19 pájaros y 5 ratones.

Parte A

Completa el modelo para mostrar cómo hallar la cantidad total de hámsteres, pájaros y ratones.

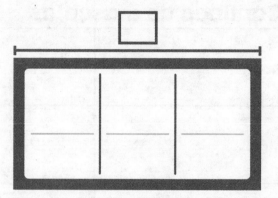

Parte B

Completa la ecuación para mostrar cuántos hámsteres, pájaros y ratones dibujaron. Luego, escribe el total.

_____ ◯ _____ ◯ _____ = _____

_____ hámsteres, pájaros y ratones

Usar estrategias para restar hasta 100

Pregunta esencial: ¿Cuáles son las estrategias para restar números hasta 100?

¡Mira esos grandes trozos de hielo en el agua!

¿Cómo afecta la temperatura al agua y al hielo?

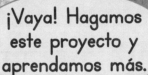

¡Vaya! Hagamos este proyecto y aprendamos más.

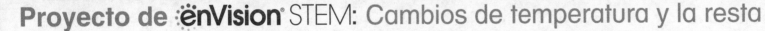

Proyecto de enVision STEM: Cambios de temperatura y la resta

Investigar Pide a un adulto que te ayude a calentar y enfriar agua y otros materiales. Averigua si el agua y el hielo pueden cambiar de un estado al otro. Averigua si al calentar y enfriar un huevo puede cambiar de un estado al otro.

Diario: Hacer un libro Incluye lo que averiguaste. En tu libro, también:

• di cómo están relacionados el calor y el frío.

• di cómo están relacionadas la suma y la resta.

Repasa lo que sabes

A-Z Vocabulario

1. Encierra en un círculo cada **diferencia** en los siguientes problemas de matemáticas.

$$15 - 5 = 10$$

$$\begin{array}{r} 23 \\ + 32 \\ \hline 55 \end{array} \qquad \begin{array}{r} 14 \\ - 7 \\ \hline 7 \end{array}$$

2. Encierra en un círculo el enunciado si describe el **cálculo mental**.

Es una operación matemática que se hace con papel y lápiz.

Es una operación matemática que haces en tu mente.

3. Encierra en un círculo el enunciado si describe los **números compatibles**.

Números que son cercanos a números que quieres sumar o restar.

Números que puedes sumar o restar usando el cálculo mental.

Operaciones de suma y resta

4. Completa las siguientes operaciones relacionadas de suma y resta.

$$6 + \boxed{} = 13$$

$$13 - \boxed{} = 13$$

5. Escribe la suma o la diferencia.

$$\begin{array}{r} 4 \\ + 7 \\ \hline \end{array} \quad \begin{array}{r} 12 \\ - 3 \\ \hline \end{array} \quad \begin{array}{r} 9 \\ + 6 \\ \hline \end{array} \quad \begin{array}{r} 16 \\ - 8 \\ \hline \end{array}$$

Puedes usar operaciones de suma como ayuda para restar.

Cuento de matemáticas

6. Tim tiene 25 estampillas. Roni le da 51 estampillas más. ¿Cuántas estampillas tiene Tim ahora?

_____ estampillas

Nombre _____

PROYECTO
5A

¿Cuánto pesa la tortuga terrestre más grande de la Tierra?

Proyecto: Escribe una historia sobre una tortuga

PROYECTO
5B

¿Cómo cambia la temperatura donde vives?

Proyecto: Crea un informe del clima

PROYECTO
5C

¿Cuántas lunas tienen algunos planetas de nuestro sistema solar?

Proyecto: Investiga y compara las lunas

Representación matemática

Día de lavar la ropa

▶ Video

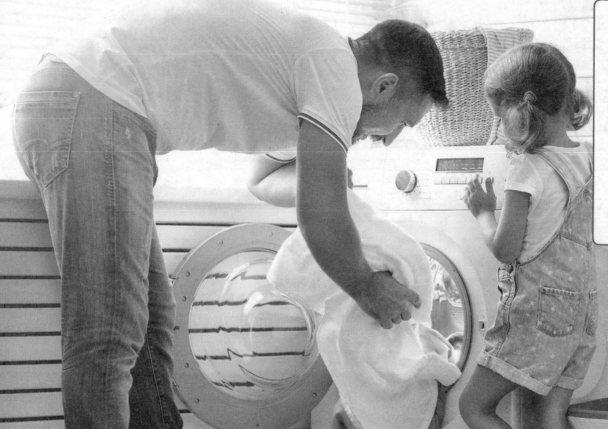

Antes de mirar el video, piensa: ¿Cómo ayudas cuando lavan la ropa en tu casa? Una forma importante de ayudar al medioambiente es lavando la mayoría de tu ropa con agua fría. La ropa quedará limpia, y tú ahorrarás hasta el 90 por ciento de la energía.

Puedo...

representar con modelos matemáticos para resolver un problema relacionado con las estrategias para restar.

Resuélvelo y coméntalo

¿Cómo puedes usar la tabla de 100 como ayuda para hallar 57 − 23? Explícalo. Escribe una ecuación.

1	2	3	4	5	6	7	8	9	10
11	12	13	14	15	16	17	18	19	20
21	22	23	24	25	26	27	28	29	30
31	32	33	34	35	36	37	38	39	40
41	42	43	44	45	46	47	48	49	50
51	52	53	54	55	56	57	58	59	60
61	62	63	64	65	66	67	68	69	70
71	72	73	74	75	76	77	78	79	80
81	82	83	84	85	86	87	88	89	90
91	92	93	94	95	96	97	98	99	100

Puedo...
usar una tabla de 100 para restar decenas y unidades.

También puedo construir argumentos matemáticos.

_____ ◯ _____ = _____

Usa la tabla de 100 para hallar 43 – 28.

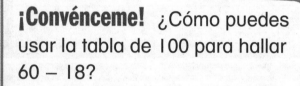

Puedo contar hacia atrás o hacia adelante para hallar la diferencia.

Una manera Piensa: 43 – 28 = ?
Comienza en 43. Cuenta 2 decenas y 8 unidades hacia atrás.
Llegarás a 15.

11	12	13	14	15	16	17	18	19	20
21	22	23	24	25	26	27	28	29	30
31	32	33	34	35	36	37	38	39	40
41	42	43	44	45	46	47	48	49	50

Por tanto, 43 – 28 = 15.

Otra manera Piensa: 28 + ? = 43
Comienza en 28. Cuenta hacia adelante hasta 43.

Cuento 5 unidades para llegar de 28 a 33. Luego, cuento 1 decena hacia adelante para llegar a 43. 5 + 10 = 15. La diferencia es 15.

21	22	23	24	25	26	27	28	29	30
31	32	33	34	35	36	37	38	39	40
41	42	43	44	45	46	47	48	49	50

Por tanto, 28 + 15 = 43.

¡Convénceme! ¿Cómo puedes usar la tabla de 100 para hallar 60 – 18?

Práctica guiada

Usa la tabla de 100 para restar. Dibuja flechas si es necesario.

21	22	23	24	25	26	27	28	29	30
31	32	33	34	35	36	37	38	39	40
41	42	43	44	45	46	47	48	49	50
51	52	53	54	55	56	57	58	59	60
61	62	63	64	65	66	67	68	69	70

1. 69 – 36 = 33

2. 54 – 24 = _____

3. _____ = 65 – 34

4. 47 – 22 = _____

Nombre _____

☆ Práctica ☆ independiente

Usa la tabla de 100 para restar. Dibuja flechas si es necesario.

1	2	3	4	5	6	7	8	9	10
11	12	13	14	15	16	17	18	19	20
21	22	23	24	25	26	27	28	29	30
31	32	33	34	35	36	37	38	39	40
41	42	43	44	45	46	47	48	49	50
51	52	53	54	55	56	57	58	59	60
61	62	63	64	65	66	67	68	69	70
71	72	73	74	75	76	77	78	79	80
81	82	83	84	85	86	87	88	89	90
91	92	93	94	95	96	97	98	99	100

5. $54 - 7 =$ _____

6. _____ $= 96 - 63$

7. $45 - 22 =$ _____

8. $82 - 61 =$ _____

9. $65 - 21 =$ _____

10. _____ $= 79 - 47$

11. $84 - 6 =$ _____

Álgebra Escribe el dígito que haga verdadera cada ecuación.

12. $73 - \boxed{}2 = 41$

$5\boxed{} - 32 = 26$

13. $46 - \boxed{}1 = 15$

$78 - 36 = \boxed{}2$

14. $53 - \boxed{}2 = 31$

$99 - \boxed{}3 = 16$

Lleva la cuenta de tus movimientos. Suma para hallar la diferencia.

15. Darío une 55 de las 98 piezas de un rompecabezas. ¿Cuántas piezas más necesita unir para completar el rompecabezas?

_____ ◯ _____ = _____ piezas

41	42	43	44	45	46	47	48	49	50
51	52	53	54	55	56	57	58	59	60
61	62	63	64	65	66	67	68	69	70
71	72	73	74	75	76	77	78	79	80
81	82	83	84	85	86	87	88	89	90
91	92	93	94	95	96	97	98	99	100

16. Una prueba tiene 86 preguntas. Glenda necesita responder a 23 preguntas más para terminar la prueba. ¿Cuántas preguntas ya contestó Glenda?

_____ preguntas

17. Razonamiento de orden superior
Chris quiere hallar 76 – 42. Escribe los pasos que puede seguir para restar 42 de 76 en la tabla de 100.

_____

_____

_____

_____

18. ☑ **Práctica para la evaluación** ¿Qué restas tienen una diferencia de 26? Escoge todas las que apliquen.

- ☐ 56 – 30
- ☐ 69 – 43
- ☐ 75 – 49
- ☐ 92 – 76

Nombre _____

Resuélvelo y coméntalo Percy tenía 56 calcomanías. Le dio 24 a Eric.
¿Cuántas le quedaron a Percy?
Usa la siguiente recta numérica vacía para mostrar tu trabajo.

Puedo...
usar una recta numérica vacía para restar decenas y unidades.

También puedo representar con modelos matemáticos.

⟵――――――――――――――――――⟶

___ ___ 〇 ___ ___ = ___ ___

Tema 5 | Lección 2   En línea | SavvasRealize.com   ciento noventa y tres **193**

Halla 68 − 23.

Usemos una recta numérica vacía y contemos hacia atrás. Primero, escribe el 68 en la recta.

68

Una manera

23 es **2 decenas** y 3 unidades.

Cuenta hacia atrás **2 decenas** desde 68.

58, 48

Luego, cuenta hacia atrás 3 unidades desde 48.

47, 46, 45

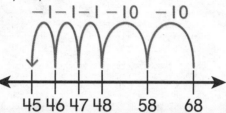

−1 −1 −1 −10   −10

45 46 47 48   58   68

Otra manera

Puedes restar 68 − **20** = 48, luego, 48 − **3** = 45

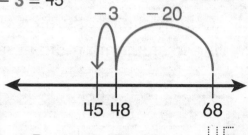

−3   −20

45 48   68

Por tanto, 68 − 23 = __45__.

Puedo comprobar mi resta sumando 45 + 23 = 68.

¡Convénceme! ¿Cómo puede ayudarte la recta numérica vacía a llevar la cuenta de los números mientras cuentas hacia atrás?

☆Práctica guiada☆ Usa una recta numérica vacía para hallar cada diferencia.

1. 28 − 24 = _____

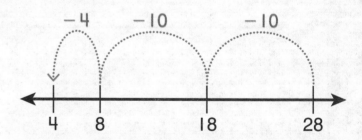

−4   −10   −10

4   8   18   28

2. 50 − 35 = _____

Práctica independiente

Usa una recta numérica vacía para hallar cada diferencia.

3. 45 – 13 = _____

4. 63 – 22 = _____

5. 78 – 46 = _____

6. 92 – 37 = _____

7. 80 – 44 = ?

Descompón en decenas y unidades el número que restas.

_____ – _____ = _____

8. Sentido numérico ¿Cuántas decenas y unidades debes contar hacia atrás para resolver este problema: 56 – 38 = ? Resuelve el problema.

_____ decenas _____ unidades

_____ – _____ = _____

9. **Usar herramientas** Hay 47 boletos en venta para una rifa en la feria. La clase de la señorita Solís vendió 23 boletos. ¿Cuántos boletos quedan por vender?

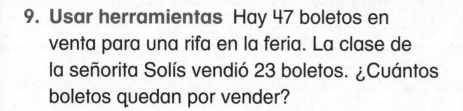

_____ boletos

10. **Usar herramientas** De las 78 zanahorias que tenía Ethan, vende 35 en la feria local. ¿Cuántas zanahorias le quedaron a Ethan?

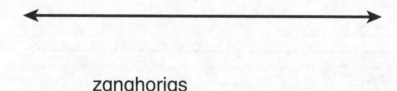

_____ zanahorias

11. **Razonamiento de orden superior** Muestra dos maneras diferentes de hallar 63 – 25 usando las rectas numéricas vacías.

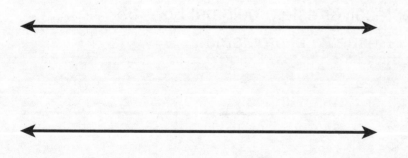

$63 - 25 =$ _____

12. ☑ **Práctica para la evaluación** Ana resolvió un problema de resta usando la siguiente recta numérica vacía. Escribe la ecuación que muestra su trabajo.

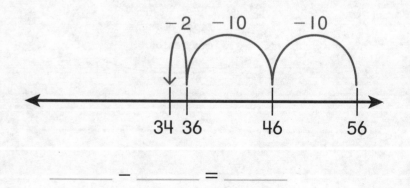

_____ – _____ = _____

Nombre ________________________________

Lección 5-3

Sumar para restar usando una recta numérica vacía

Puedo...
sumar para restar usando una recta numérica vacía.

También puedo razonar sobre las matemáticas.

Resuélvelo y coméntalo Hay 50 niños en el parque. 28 son niños y las demás son niñas. ¿Cuántas niñas hay en el parque? Usa una recta numérica vacía para resolver el problema. Muestra tu trabajo.

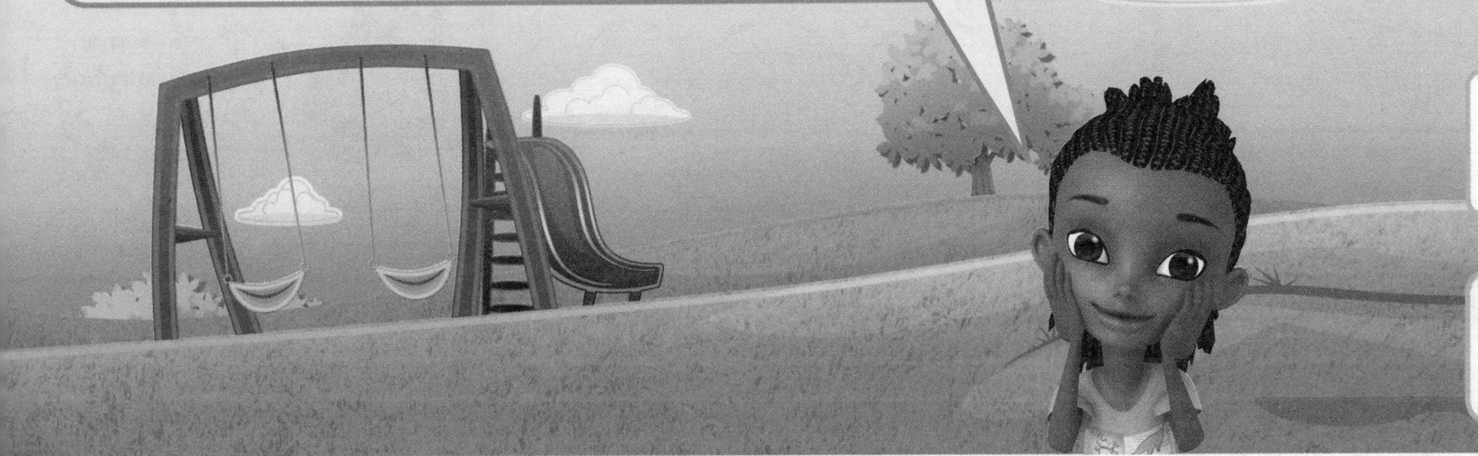

____ ◯ ____ = ____

Halla 57 − 28.

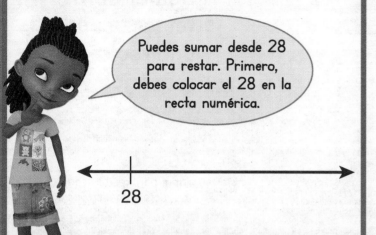

Puedes sumar desde 28 para restar. Primero, debes colocar el 28 en la recta numérica.

28

Puedes sumarle 2 para obtener 30.

Luego, le sumas 10, y 10 otra vez, para obtener 50.

Después, le sumas 7 para llegar a 57.

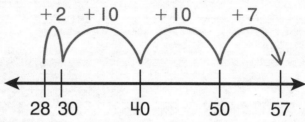

+2 +10 +10 +7

28 30   40   50   57

Suma las decenas y las unidades.

$2 + 10 + 10 + 7 = 29$

Por tanto, $57 − 28 = 29$.

¡Puedo sumar para comprobar! 28 + 29 = 57

¡Convénceme! ¿Cómo puedes sumar para hallar 42 − 17?

Práctica guiada Suma para hallar cada diferencia. Usa una recta numérica vacía.

1. $45 − 27 =$  18

+3 +10 +5

27 30   40   45

2. $66 − 39 =$ _____

Tema 5 | Lección 3

★ **Práctica** ★
independiente

Suma para hallar cada diferencia.
Usa una recta numérica vacía.

3. $41 - 19 =$ _____

4. $63 - 34 =$ _____

5. $83 - 58 =$ _____

6. $74 - 46 =$ _____

7. $72 - 34 =$ _____

8. enVision® STEM Remo tenía 34 bolas de
nieve. Algunas se derritieron y ahora tiene 18.
¿Cuántas bolas de nieve se derritieron?

No te olvides de hallar
la suma o total de las decenas
y unidades que sumaste. Esa
es la diferencia.

_____ ◯ _____ = _____

Suma para resolver cada problema. Usa una recta numérica vacía. Escribe las ecuaciones.

9. Hacerlo con precisión Dino tiene 41 crayones. Le da 23 crayones a Berta y 7 a Dan. ¿Cuántos crayones le quedan? Resuélvelo en dos pasos.

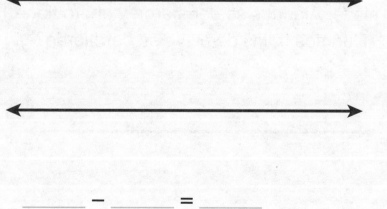

Necesitas la respuesta al primer paso para hacer el segundo paso. ¿Hiciste tu trabajo con precisión?

Paso 1: _____ ◯ _____ = _____

Paso 2: _____ ◯ _____ = _____

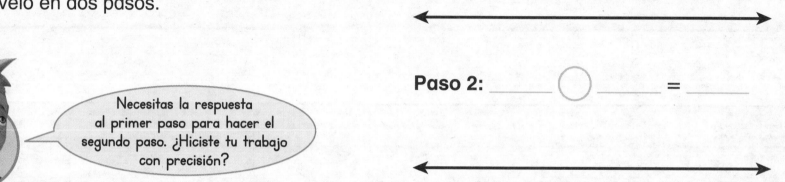

---

10. Razonamiento de orden superior Muestra dos maneras diferentes de sumar para hallar 72 – 35.

_____ – _____ = _____

11. ☑ Práctica para la evaluación Suma para resolver 46 – 25. Muestra tu trabajo en la recta numérica vacía y escribe una ecuación.

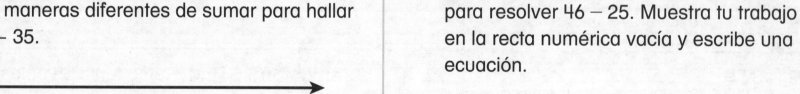

_____ ◯ _____ = _____

Resuélvelo y coméntalo

Usa cualquier estrategia para hallar 42 − 7.
Usa dibujos, palabras o números para explicar.

Puedo...

descomponer números de 1 dígito para restar mentalmente.

También puedo construir argumentos matemáticos.

42 − 7 = _____

 En línea | SavvasRealize.com

33 − 6 = ?

Puedes descomponer el número que estás restando para hallar la diferencia.

Estas son tres maneras de descomponer 6.
¿Cuál es la mejor para restar 6 de 33?

```
   6          6          6
  / \        / \        / \
 1 + 5      2 + 4      3 + 3
```

33 − 6 = _____ ?

```
   / \
  3   3
```

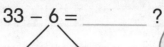

Empieza en 33.
Réstale 3 para obtener 30.
Luego, resta 3 más.

11	12	13	14	15	16	17	18	19	20
21	22	23	24	25	26	27	28	29	30
31	32	33	34	35	36	37	38	39	40

33 − 6 = _27_

¡Convénceme! Fíjate en el problema anterior. ¿Por qué no se descompuso 6 en 1 + 5 para hallar 33 − 6?

Práctica guiada Resta. Descompón el número que estás restando. Muestra tu trabajo.

1. 43 − 9 = _____

2. _____ = 24 − 6

11	12	13	14	15	16	17	18	19	20
21	22	23	24	25	26	27	28	29	30
31	32	33	34	35	36	37	38	39	40
41	42	43	44	45	46	47	48	49	50

☆ Práctica independiente

Resta. Descompón el número que estás restando.
Muestra tu trabajo. Usa una tabla de 100, si es necesario.

3. $35 - 8 =$ _____

□ □

4. $41 - 5 =$ _____

□ □

5. _____ $= 82 - 7$

□ □

6. $53 - 7 =$ _____

□ □

7. $97 - 8 =$ _____

□ □

8. $64 - 9 =$ _____

□ □

9. $86 - 8 =$ _____

10. _____ $= 32 - 9$

11. $93 - 6 =$ _____

12. Álgebra Un número hace verdaderas ambas ecuaciones.
Halla el número que falta.

$48 + \boxed{} = 56$ $56 - \boxed{} = 48$

El número que falta es _____.

Piensa en cómo están relacionadas la suma y la resta.

13. **Explicar** Karen tiene 7 lápices. La maestra de Karen tiene 45 lápices. ¿Cuántos lápices menos que su maestra tiene Karen? Explica cómo resolviste el problema.

_____

_____

_____

¿Es clara tu explicación?

_____ lápices menos

14. **Razonamiento de orden superior** Escribe un problema-cuento sobre 63 – 8. Luego, resuélvelo.

_____

_____

_____

_____

$63 - 8 =$ _____

15. **Evaluación** Doris tenía 24 conchas marinas y le dio 9 a su primo Rob. ¿Cuántas conchas marinas tiene Doris ahora?

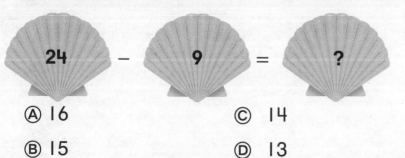

24 – 9 = ?

Ⓐ 16   Ⓒ 14

Ⓑ 15   Ⓓ 13

16. ☑ **Práctica para la evaluación** Halla 86 – 7. Muestra tu trabajo.

$86 - 7 =$ _____

Resuélvelo y coméntalo

Yuri quiere usar el cálculo mental para hallar 86 − 29. Muestra cómo puede Yuri hallar la diferencia. Explica cómo puede usar el cálculo mental.

Lección 5-5

Usar la compensación para restar

Puedo...

formar números que sean más fáciles de restar y, luego, usar el cálculo mental para hallar la diferencia.

También puedo usar el razonamiento repetido.

$43 - 18 = ?$

Puedes usar la compensación para formar números más fáciles de restar.

Es más fácil restar 20 que 18.

Una manera

Cambia ambos sumandos sumando o restando la misma cantidad. Luego, resta usando el cálculo mental.

$$43 \quad - \quad 18 \quad = \quad ?$$
$$\downarrow +2 \qquad \downarrow +2$$
$$45 \quad - \quad 20 \quad = \quad 25$$

Por tanto, $43 - 18 = 25$.

Otra manera

Suma 2 a 18.
Después, resta usando el cálculo mental.
Luego, suma 2 para hallar la diferencia.

$$43 - 18 = ?$$
$$\downarrow +2$$
$$43 - 20 = 23$$
$$\qquad\qquad \downarrow +2$$

Por tanto, $43 - 18 = 25$.

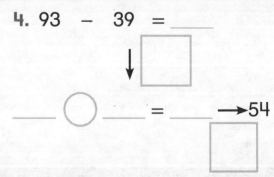

Resté 2 más que 18, así que necesito sumarle 2 a 23 para hallar la respuesta.

¡Convénceme! Marcos dice que para hallar $61 - 13$ es más fácil restar 10 en lugar de 13. Dice que si restas 3 de 13 para obtener 10, tienes que restar 3 más de tu respuesta. ¿Estás de acuerdo? Explícalo.

Práctica guiada   Usa la compensación para formar números más fáciles de restar. Luego, resuelve. Muestra tu trabajo.

1. $52 \quad - \quad 8 \quad = \underline{\hspace{1cm}}$

$$54 \quad - \quad 10 \quad = \quad 44$$

2. $76 \quad - \quad 27 = \underline{\hspace{1cm}}$

$$\downarrow \Box \qquad \downarrow \Box$$
$$\underline{\hspace{1cm}} \quad - \quad \underline{\hspace{1cm}} \quad = \underline{\hspace{1cm}}$$

3. $52 - 15 = \underline{\hspace{1cm}}$

$$\downarrow +5$$
$$52 - 20 = 32 \longrightarrow 37$$
$$\boxed{+5}$$

4. $93 \quad - \quad 39 \quad = \underline{\hspace{1cm}}$

$$\downarrow \Box$$
$$\underline{\hspace{1cm}} \bigcirc \underline{\hspace{1cm}} = \underline{\hspace{1cm}} \longrightarrow 54$$
$$\Box$$

Nombre _____

Herramientas Evaluación

☆ Práctica independiente

Usa la compensación para formar números más fáciles de restar. Luego, resuelve. Muestra tu trabajo.

5. $73 - 9 = $ _____

6. $35 - 16 = $ _____

7. $43 - 28 = $ _____

8. $51 - 27 = $ _____

9. $74 - 35 = $ _____

10. $99 - 21 = $ _____

11. Razonamiento de orden superior Keiko dice que para hallar $91 - 32$, puede restar 2 de ambos números. Luego, resta usando el cálculo mental. Dice que la respuesta correcta es 59. ¿Estás de acuerdo? Explícalo.

Tema 5 | Lección 5

doscientos siete **207**

12. Entender En un frasco que contenía algunos botones, la señora Kim puso 19 botones más. Ahora hay 45 botones en ese frasco. ¿Cuántos botones había dentro del frasco al principio?

_____ botones

13. Romi tiene 42 tarjetas y Lisa tiene 75 tarjetas. ¿Cuántas tarjetas más que Romi tiene Lisa?

_____ tarjetas más

Piensa en qué intentas hallar.

14. Razonamiento de orden superior Freddy halló 72 − 24. Primero, restó 20, porque pensó que así era más fácil. Usa palabras y números para explicar cómo podría Freddy haber hallado la diferencia.

15. ☑ Práctica para la evaluación Usa los números de las tarjetas. Escribe los números que faltan para resolver el problema.

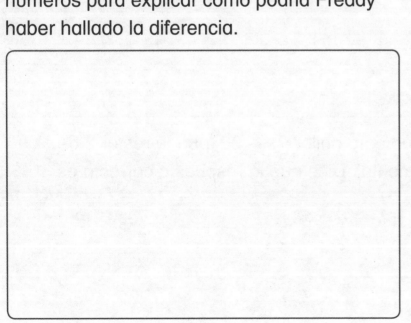

| 2 | 25 | 30 | 55 |

$$53 - 28 = \underline{\hspace{2em}}$$

$+ 2 \qquad + \boxed{}$

$\underline{\hspace{2em}} - \underline{\hspace{2em}} = \underline{\hspace{2em}}$

Nombre _____

Resuélvelo y coméntalo Randy tenía 42 palillos de manualidades para un proyecto. Usó 19. ¿Cuántos palillos de manualidades le quedan?

Escoge cualquier estrategia para resolver el problema. Muestra tu trabajo y explícalo.

Puedo…
escoger una estrategia como ayuda para restar números de dos dígitos.

También puedo representar con modelos matemáticos.

_____ palillos

Halla 65 − 37.

Una manera

Puedes comenzar en 37 y sumar hasta 65. Cuenta tus movimientos para hallar la diferencia.

Puedes usar una recta númerica vacía o usar la compensación.

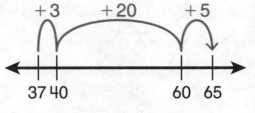

$+3 \quad +20 \quad +5$

37 40   60 65

$3 + 20 + 5 = 28.$

Por tanto, $65 − 37 = 28.$

Otra manera

Puedes usar la compensación.

$65 − 37$

$+3$

$65 − 40 = 25 \cdots\!\rightarrow 28$

$\qquad +3$

Por tanto, $65 − 37 = 28.$

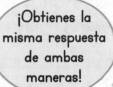 ¡Obtienes la misma respuesta de ambas maneras!

¡Convénceme! En **Otra manera**, ¿por qué se sumó 3 a 37 y luego se le sumó a 25?

Encuentra cada diferencia. Usa cualquier estrategia. Muestra tu trabajo.

1. $46 − 18 =$ _____

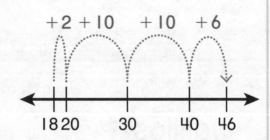

$+2 \ +10 \quad +10 \quad +6$

18 20   30   40 46

2. $83 − 46 =$ _____

☆ Práctica independiente

Halla cada diferencia. Usa cualquier estrategia. Muestra tu trabajo.

3. 62 – 21 =

4. 33 – 6 =

5. 94 – 45 =

6. 55 – 18 =

7. 44 – 7 =

8. 80 – 61 =

9. 77 – 9 =

10. 100 – 55 =

11. 72 – 48 =

Sentido numérico Escribe el dígito que hace verdadera cada ecuación.

12. 5 ☐ – 6 = 47

13. ☐ 4 – 28 = 56

14. 61 – 1 ☐ = 46

15. Luis tiene 31 calcomanías. Martín tiene 12 menos que Luis. Kaley tiene 45 calcomanías. ¿Cuántas calcomanías tienen en total Martín y Luis? ¿Tienen más o menos calcomanías que Kaley? Explícalo.

_____ calcomanías

Encierra en un círculo: más   menos

"Menos" significa que hay menos que otro número.

16. Kyle hizo 44 cuentas de arcilla el lunes. El martes, hizo 8 menos que el lunes. El miércoles, hizo 10 menos que el martes. ¿Cuántas cuentas de arcilla hizo Kyle el miércoles?

_____ cuentas

17. ☑ **Práctica para la evaluación** Halla la diferencia.

$63 - 18 = $ _____

Explica cómo resolviste el problema.

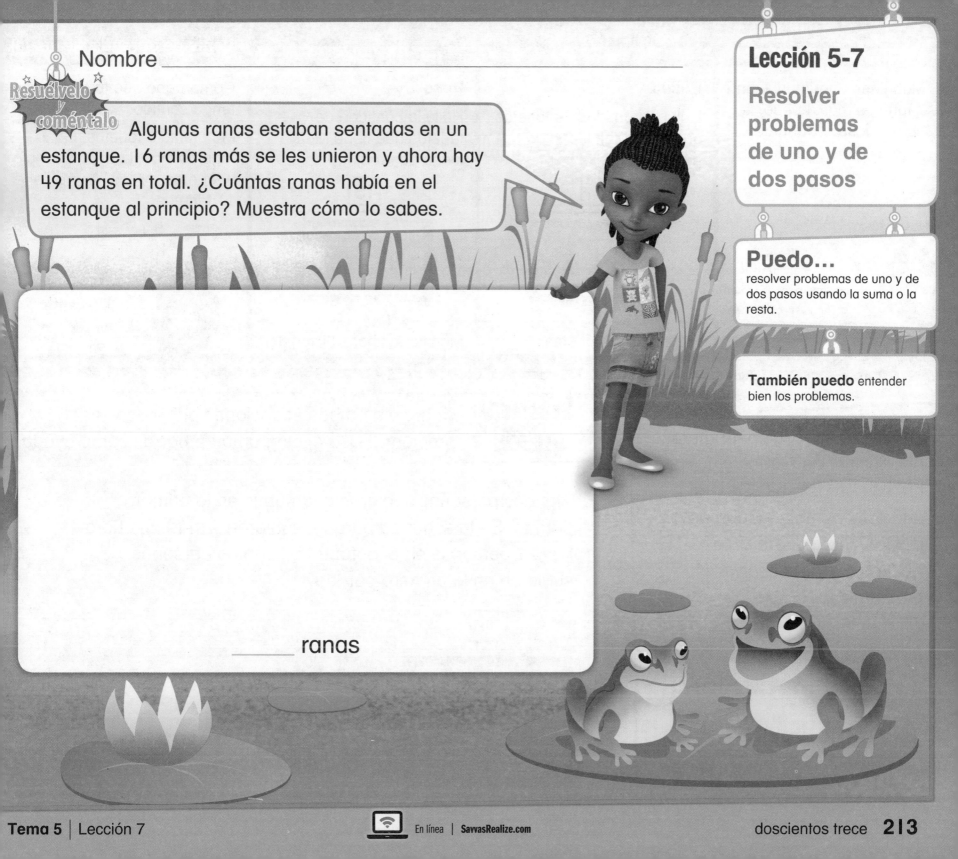

Resuélvelo y coméntalo

Algunas ranas estaban sentadas en un estanque. 16 ranas más se les unieron y ahora hay 49 ranas en total. ¿Cuántas ranas había en el estanque al principio? Muestra cómo lo sabes.

Puedo...
resolver problemas de uno y de dos pasos usando la suma o la resta.

También puedo entender bien los problemas.

_____ ranas

Matt tiene 8 tarjetas. Gana 7 tarjetas más. Luego, le da 4 a José. ¿Cuántas tarjetas tiene Matt ahora?

Puedes usar un diagrama de barras para ayudarte a resolver cada paso.

Paso 1

Halla la cantidad de tarjetas que tiene Matt luego de ganar 7.

| 15 |
| 8 | 7 |

$8 + 7 = 15$

Matt tiene 15 tarjetas.

Paso 2

Halla la cantidad de tarjetas que tiene Matt luego de regalar 4.

| **15** |
| 4 | ? |

$15 - 4 = 11$

Matt tiene ahora 11 tarjetas.

Comprueba que tu respuesta tenga sentido.

Matt tenía 8 tarjetas. Ganó 7 tarjetas más. Luego, le regaló 4 tarjetas a José. Ahora tiene 11 tarjetas.

$8 + 7 = 15$
$15 - 4 = 11$

¡Mi respuesta tiene sentido!

¡Convénceme! Cory primero anotó algunos puntos y, luego, hizo 8 puntos más. En total anotó 14 puntos. ¿Cuántos puntos anotó al principio? ¿Cómo puedes resolver el problema?

☆ Práctica guiada ☆   Completa ambas ecuaciones para resolver el problema. Usa el diagrama de barras como ayuda.

1. Algunas personas subieron al autobús en la primera parada. En la segunda parada, subieron 9 más. Si ahora hay 21 personas en el autobús, ¿cuántas personas subieron en la primera parada?

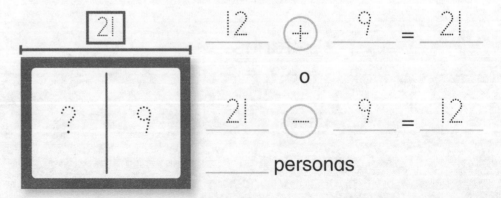

| 21 |
| ? | 9 |

$\underline{12} \; \oplus \; \underline{9} = \underline{21}$

o

$\underline{21} \; \ominus \; \underline{9} = \underline{12}$

_____ personas

Nombre _____

★ Práctica independiente

Resuelve cada problema. Muestra tu trabajo.

2. Hay 24 arvejas en el plato de Luis. Luis se come 15 arvejas. Luego, su mamá le sirve 8 arvejas más. ¿Cuántas arvejas hay ahora en el plato de Luis?

Paso 1   **Paso 2**

_____ ◯ _____ = _____   _____ ◯ _____ = _____   _____ arvejas

3. Sara pidió prestados 5 libros de la biblioteca el lunes. El martes pidió prestados otros 6 libros. El miércoles devolvió 3 libros. ¿Cuántos libros tendría Sara el jueves?

_____ libros

4. Razonamiento de orden superior El martes, la clase del señor Wing reunió algunas latas para reciclar. El miércoles reunió 18 latas más. La clase reunió 44 latas en total. ¿Cuántas latas reunió la clase el martes?

Puedes usar la suma o la resta para resolver el problema.

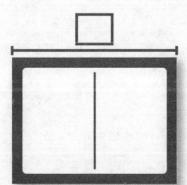

_____ ◯ _____ = _____

_____ latas

Escribe ecuaciones para resolver los problemas. Muestra tu trabajo.

Piensa en lo que sabes y en lo que intentas hallar.

5. **Entender** Eliana puso 13 fotos en el álbum. Ken añadió algunas fotos más. En total, hay 32 fotos en el álbum. ¿Cuántas fotos añadió Ken?

_____ fotos

6. **Entender** Kris ve algunos estudiantes en la biblioteca. 10 estudiantes más llegan después. Ahora, Kris ve que hay 20 estudiantes en la biblioteca. ¿Cuántos estudiantes había en la biblioteca al comienzo?

_____ estudiantes

7. **Razonamiento de orden superior** En la Semana 1 hay 15 palabras de vocabulario. En la Semana 2 hay 8 palabras de vocabulario más que en la Semana 1.

¿Cuántas palabras de vocabulario hay en ambas semanas?

Paso 1: _____ + _____ = _____

Paso 2: _____ + _____ = _____

_____ palabras

8. ☑ **Práctica para la evaluación** Vladi pone 8 canicas en una bolsa y Lalo pone 9. Luego, Vladi saca de la bolsa 7 canicas. ¿Cuántas canicas hay en la bolsa ahora? Resuelve el problema. Muestra tu trabajo.

_____ canicas

Nombre _____

Resuélvelo y coméntalo

Bill reúne y vende conchas marinas. Tiene 45 conchas marinas, halla 29 y vende 20. ¿Cuántas conchas marinas tiene Bill ahora?

Tara dice que tienes que restar 45 − 29 y luego sumar 20 para resolver el problema. ¿Estás de acuerdo con el razonamiento de Tara? Encierra en un círculo tu respuesta. Usa dibujos, palabras o ecuaciones para tu explicación.

Puedo...
evaluar el razonamiento de los demás usando lo que sé sobre la suma y la resta.

También puedo sumar y restar dígitos de dos números.

Estoy de acuerdo   **No estoy de acuerdo**

Hábitos de razonamiento

¿Qué preguntas puedo hacer para entender el razonamiento de otras personas? ¿Hay errores en el razonamiento de otras personas?

42 personas están nadando. Algunas se van. Ahora, hay 15 personas nadando.

Kelly sumó para restar y dice que se fueron 17 personas.

¿Cómo puedo decidir si estoy de acuerdo con Kelly?

Puedo verificar si hay errores o hacerle preguntas a Kelly.

Puedo dibujar una recta numérica y sumar para verificar si hay errores.

$+5$ $+10$ $+2$

15 20   30 32

$5 + 10 + 2 = 17$,
pero $15 + 17$ es solo 32.

Es buena la estrategia de sumar de Kelly, pero su respuesta no es correcta.

$+5$ $+10$ $+10$ $+2$

15 20   30   40 42

$15 + 27 = 42$
Por tanto, se fueron 27 personas.

¡Convénceme! ¿Qué pregunta le harías a Kelly para ayudarle a revisar su razonamiento?

 **Práctica guiada**   Encierra en un círculo tu respuesta. Usa dibujos, palabras o ecuaciones para explicar tu razonamiento.

1. Había 51 personas en un tren. 33 de ellas se bajaron. ¿Cuántas personas quedan ahora en el tren?

Ramón dice que quedan 18 personas. Descompuso 33 en 30 y 3. Luego, restó cada número. ¿Tiene sentido el razonamiento de Ramón?

Estoy de acuerdo.   **No estoy de acuerdo.**

Tema 5 | Lección 8

Herramientas Evaluación

☆ **Práctica independiente** ☆ Encierra en un círculo la respuesta. Usa dibujos, palabras o ecuaciones para explicar tu razonamiento.

2. Jill puso 53 botones en una caja. Marcia puso 17 botones en otra caja.

   Jarod dice que Marcia tiene 33 botones menos que Jill. Él piensa que es más fácil restar 53 – 20 que 53 – 17. Resta 53 – 20 y obtiene 33.

   ¿Estás de acuerdo con el razonamiento de Jarod?

   Estoy de acuerdo.   **No estoy de acuerdo.**

3. Rob tiene 68 piezas de rompecabezas más que Gina. Rob tiene 90 piezas.

   Carola dice que Gina tiene 22 piezas. También dice que usó una recta numérica vacía y halló 90 – 68. Sumó 2 y 20 más desde 68 hasta llegar a 90.

   ¿Tiene sentido el razonamiento de Carola?

   Estoy de acuerdo.   **No estoy de acuerdo.**

Resolución de problemas

Libros de lectura

Ricky leyó los primeros 3 capítulos de un libro. El capítulo 1 tiene 11 páginas. El capítulo 2 tiene 7 páginas y el capítulo 3 tiene 9.

Sally leyó 46 páginas de su libro. ¿Cuántas páginas más que Ricky leyó Sally?

4. Entender ¿Qué pasos debes seguir para resolver el problema?

_____

_____

_____

5. Buscar patrones ¿Hay un método abreviado para hallar cuántas páginas leyó Ricky? Explícalo.

_____

_____

_____

6. Explicar Sally dibujó esta recta numérica vacía. Sally dice que ella leyó 21 páginas más que Ricky. ¿Estás de acuerdo? Explícalo.

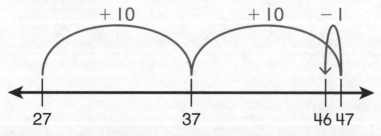

_____

_____

_____

_____

Emparéjalo

Trabaja con un compañero. Señala una pista y léela.

Mira la siguiente tabla y busca la pareja de esa pista. Escribe la letra de la pista en la casilla al lado de su pareja.

Halla una pareja para cada pista.

Puedo...
sumar y restar hasta 20.

También puedo construir argumentos matemáticos.

Pistas

A Cada diferencia es 10.

B Cada suma o total es 11.

C Cada suma o total y diferencia es 6.

D Exactamente tres sumas son las mismas.

E Exactamente tres diferencias son las mismas.

F Cada suma o total es lo mismo que $9 + 4$.

G Cada diferencia es impar.

H Exactamente tres sumas son pares.

$12 - 5$ $17 - 8$ $14 - 7$ $16 - 9$	$10 - 0$ $20 - 10$ $14 - 4$ $19 - 9$	$6 + 6$ $2 + 8$ $7 + 4$ $5 + 7$	$14 - 8$ $3 + 3$ $15 - 9$ $0 + 6$
$8 + 6$ $7 + 8$ $9 + 6$ $10 + 5$	$15 - 8$ $18 - 9$ $12 - 7$ $13 - 6$	$5 + 6$ $4 + 7$ $9 + 2$ $3 + 8$	$7 + 6$ $3 + 10$ $8 + 5$ $4 + 9$

Repaso del vocabulario

A-Z
Glosario

Lista de palabras

- cálculo mental
- compensación
- decenas
- descomponer
- diferencia
- números compatibles
- recta numérica vacía
- unidades

Comprender el vocabulario

Escoge un término de la Lista de palabras para completar cada oración.

1. Puedes contar hacia atrás o sumar para restar en una

   _____.

2. Para hallar 42 – 7, puedes _____ 7 en 2 + 5.

3. La respuesta a un problema de resta se llama _____.

4. Hay 6 _____ en el número 36.

---

5. En 43, hay

   _____ decenas.

6. En 76, hay

   _____ decenas y

   _____ unidades.

7. Descompón 8 para hallar 65 – 8.

   _____

Usar el vocabulario al escribir

8. Di en palabras cómo puedes hallar 54 – 19. Usa términos de la Lista de palabras.

   _____

   _____

   _____

   _____

   _____

   _____

Nombre _____

Grupo A

Puedes usar una tabla de 100 como ayuda para restar. Halla 65 − 31.

Empieza en 31. Muévete 4 unidades hacia la derecha hasta 35. Luego, muévete tres decenas hacia abajo hasta el 65. 3 decenas y 4 unidades es igual a 34.

Por tanto, 65 − 31 = _34_ .

31	32	33	34	35	36	37	38	39	40
41	42	43	44	45	46	47	48	49	50
51	52	53	54	55	56	57	58	59	60
61	62	63	64	65	66	67	68	69	70

Usa una tabla de 100 para resolver los problemas.

1. 67 − 42 = _____

2. 70 − 33 = _____

3. 58 − 42 = _____

4. 63 − 38 = _____

Grupo B

Puedes usar una recta numérica vacía para hallar 57 − 24.

Escribe 57 en la recta numérica. 24 es 2 decenas y 4 unidades. Por tanto, cuenta hacia atrás de 10 en 10 dos veces. Luego, cuenta 4 hacia atrás.

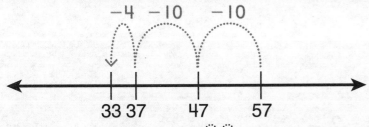

Por tanto, 57 − 24 = _33_ .

Usa una recta numérica vacía para hallar cada diferencia.

5. 38 − 13 = _____

6. 93 − 36 = _____

Halla 62 − 37.

Escribe 37 en la recta numérica. Luego, suma hasta llegar a 62. Puedes sumar 3 para llegar a 40, y luego suma 10 dos veces para llegar a 60. Después, súmale 2 para llegar a 62. Suma los saltos de las decenas y las unidades.
$3 + 10 + 10 + 2 = 25$.

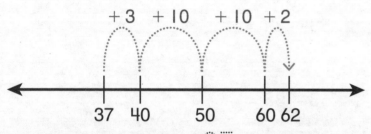

Por tanto, $62 - 37 = \underline{25}$.

Suma en una recta numérica vacía para hallar cada diferencia.

7. $75 - 47 = \underline{\qquad}$

8. $52 - 29 = \underline{\qquad}$

Descompón 7 para hallar 54 − 7.

54 − 7

Empieza en 54. Resta 4. Luego, resta 3 más.

Por tanto, $54 - 7 = \underline{47}$.

Resta. Descompón el número que estás restando. Muestra tu trabajo.

9. $52 - 6 = \underline{\qquad}$

10. $45 - 9 = \underline{\qquad}$

Grupo E

$74 - 27 = ?$

Usa la compensación para resolverlo.

$$74 - 27$$
$$\downarrow +3$$
$$74 - 30 = 44 \dashrightarrow 47$$
$$+3$$

Por tanto, $74 - 27 = \underline{47}$.

Usa la compensación
para restar.

11. $42 - 18 =$ _____

12. $84 - 37 =$ _____

Grupo F

Puedes usar estrategias y herramientas diferentes para restar.

Por ejemplo, puedes:

- usar una tabla de ___100___.

- contar hacia atrás o ___sumar___ en una recta numérica vacía.

- descomponer el número que estás ___restando___.

- usar la compensación para hacer un problema más sencillo.

Usa cualquier estrategia para resolver el problema. Muestra tu trabajo.

13. Lily tiene un rompecabezas con 8 piezas menos que Jake. Jake tiene 45 piezas. ¿Cuántas piezas tiene Lily?

_____ piezas

Usa el diagrama de barras y escribe dos ecuaciones para representar y resolver el problema.

Mauro leyó 34 páginas en dos días. 8 de esas páginas las leyó el primer día. ¿Cuántas páginas leyó el segundo día?

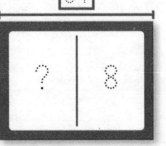

34

$26 + 8 = 34$ y

$34 - 8 = 26$

<u>26</u> páginas

Suma o resta para resolver el problema. Muestra tu trabajo.

14. Guido horneó 60 pastelitos en un día. 24 de ellos los horneó antes del almuerzo. ¿Cuántos pastelitos horneó después del almuerzo?

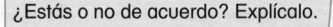

_____ pastelitos

Hábitos de razonamiento

Evaluar el razonamiento

¿Qué preguntas puedo hacer para entender el razonamiento de otras personas?

¿Hay errores en el razonamiento de otras personas?

¿Estás o no de acuerdo? Explícalo.

15. Ken tiene 29 estampillas más que Jamie. Ken tiene 52 estampillas en total. Lisa dice que Jamie tiene 23 estampillas. Lisa sumó 1 desde 29, luego, 20 más desde 30, y 2 más para llegar a 52. ¿Tiene sentido el razonamiento de Lisa?

1. Una tienda tenía 68 velas y vende 29 velas. Le devuelven 6 velas.
¿Cuántas velas tiene ahora?

Ⓐ   39   Ⓑ   33   Ⓒ   45   Ⓓ   97

---

2. Claire cree que esta recta numérica representa $48 + 30 = 78$. Cree que a 48
le sumaron tres decenas. ¿Tiene razón? Escoge la explicación correcta.

Ⓐ   No. La recta numérica muestra que comienzan en 48
y cuentan 3 decenas hacia atrás.

Ⓑ   Sí. La recta numérica muestra que comienzan en 48
y cuentan 3 decenas hacia adelante.

Ⓒ   No. La recta numérica muestra que comienzan en 38
y cuentan 3 decenas hacia atrás.

Ⓓ   No. La recta numérica muestra que comienzan en 48
y cuentan 4 decenas hacia atrás.

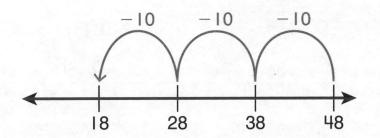

---

3. Tony tiene 66 piedras y
le da 23 a Chris.

¿Cuántas piedras tiene Tony ahora? Escribe una
ecuación que muestre tu trabajo y resuélvela.

_____ ◯ _____ = _____

_____ piedras

21	22	23	24	25	26	27	28	29	30
31	32	33	34	35	36	37	38	39	40
41	42	43	44	45	46	47	48	49	50
51	52	53	54	55	56	57	58	59	60
61	62	63	64	65	66	67	68	69	70

4. ¿Cuál es la diferencia de 34 – 7?

Ⓐ 26   Ⓑ 28

Ⓒ 27   Ⓓ 29

---

5. Kena tiene 64 globos. 28 globos
son rojos y 14 son verdes.
Los demás globos son morados.
¿Cuántos globos son morados?

Ⓐ 22   Ⓑ 42

Ⓒ 36   Ⓓ 50

---

6. Joe tiene 43 calcomanías y regala 9 de ellas.
¿Qué ecuación puedes usar para hallar
cuántas calcomanías le quedan a Joe?

Ⓐ 43 + 7 = 50 y 50 + 2 = 52

Ⓑ 43 + 10 = 53 y 53 – 1 = 52

Ⓒ 43 – 3 = 40 y 40 + 6 = 46

Ⓓ 43 – 10 = 33 y 33 + 1 = 34

7. Resta. Descompón el número que
estás restando.
Muestra tu trabajo.

$$73 - 6 = ?$$

73 – 6 = _____

---

8. A. Escribe la ecuación que muestra la recta
numérica.

B. Luego, explica qué muestran los saltos.

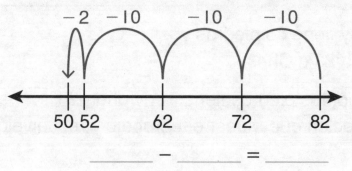

_____ – _____ = _____

_____

_____

9. La siguiente recta numérica muestra cómo sumar para restar y hallar 68 − 36. ¿Cuál es la diferencia? Explica cómo lo sabes.

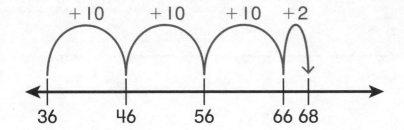

10. Usa la recta numérica vacía para hallar la diferencia.

$$80 - 42 = ?$$

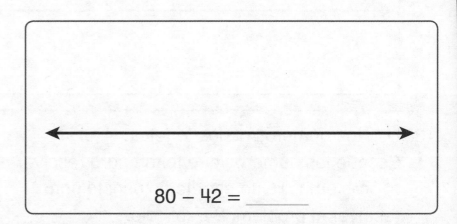

80 − 42 = _____

11. A. Había 33 hormigas sobre una hoja hasta que 15 de ellas se fueron. ¿Cuántas hormigas quedaron?

Jay le suma 2 a 33 para hacer un problema más sencillo, 35 − 15. Dice que quedaron 20 hormigas. Encierra en un círculo si estás o no estás de acuerdo.

Estoy de acuerdo.   **No estoy de acuerdo.**

B. Explica por qué estás o no estás de acuerdo con la estrategia de Jay.

12. Usa las rectas numéricas vacías. Muestra dos maneras diferentes de hallar 74 – 28.
Muestra tu trabajo.

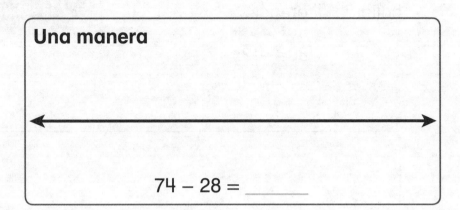

Una manera

74 – 28 = _____

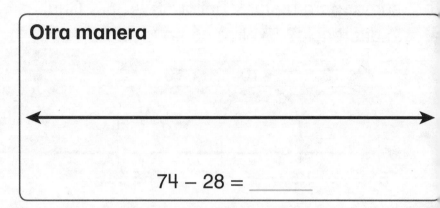

Otra manera

74 – 28 = _____

13. Usa los números de las tarjetas.
Escribe los números que faltan para resolver
el problema. ¿Qué estrategia usaste para
resolver el problema? Explícalo.

| 3 | 35 | 40 | 75 |

72 – 37 = _____

+3   [+]

_____ – _____ = _____

14. Hay 5 vacas negras en el rancho y se les unen
9 vacas cafés. Más tarde, se van 6 vacas.
¿Cuántas vacas quedaron en el rancho?

Resuélvelo. Muestra tu trabajo en la tabla.

Paso 1
Paso 2
Respuesta _____ vacas

Nombre _____

Bellos botes

La familia de Chen va de vacaciones al lago y cuenta los botes que ven.

12 botes
de vela

28 botes
de remos

36 botes
de motor

1. ¿Cuántos más botes de motor que botes de vela ve Chen?

   Usa la recta numérica vacía para resolver el problema.

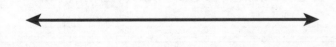

_____ botes de motor más

2. En sus vacaciones, la familia de María vio 57 botes de remos. ¿Cuántos más botes de remos que la familia de Chen vieron?

   Usa la compensación para resolverlo. Explica cómo hallaste tu respuesta.

_____ botes de remos más

3. Las hermanas de Chen juegan en el lago con botes de juguete. Tienen 21 botes amarillos y 9 botes rojos menos que botes amarillos. ¿Cuántos botes tienen en total?

Escoge cualquier estrategia. Muestra tu trabajo.

_____ botes

4. La familia de Julia vio 94 botes durante sus vacaciones. ¿Cuántos botes más que la familia de Chen vieron?

Parte A ¿Qué necesitas hacer para resolver el problema?

_____
_____
_____
_____

Parte B ¿Cuántos botes vio Chen? Muestra tu trabajo. Luego, explica cómo hallaste tu respuesta.

_____
_____
_____
_____
_____

_____ botes

Parte C Julia dijo que su familia vio 18 botes más que la de Chen. Ella descompuso 76 en 70 + 4 + 2. Luego, restó cada número de 94. ¿Tiene sentido el razonamiento de Julia? Explícalo.

_____
_____
_____
_____

Restar hasta 100 con fluidez

Pregunta esencial: ¿Cuáles son algunas estrategias para restar números hasta 100?

Recursos digitales

Libro del estudiante | Aprendizaje visual | Práctica

Evaluación | Herramientas | Glosario

¡Hay más agua que tierra firme en la superficie de la Tierra!

¡Y parte de la tierra firme está cubierta por nieve y hielo!

¡Vaya! Hagamos este proyecto y aprendamos más.

Proyecto de enVision STEM: Localizar agua y hallar sus diferencias

Investigar Usa globos terráqueos, mapas, libros y otras fuentes para averiguar en qué partes de la Tierra se puede encontrar agua, nieve y hielo. Haz una lista de los nombres de las diferentes masas de agua y de las masas de nieve y hielo.

Diario: Hacer un libro Incluye lo que averiguaste. En tu libro, también:

• comenta cómo los globos terráqueos son modelos que muestran dónde se encuentra el agua en la Tierra.

• indica cómo usarías un modelo de resta para hallar las diferencias.

Nombre _____

Repasa lo que sabes

(A-Z) Vocabulario

1. **Descompón** 56 en decenas y unidades. Dibuja bloques de valor de posición para mostrar las partes.

   56 = _____ + _____

2. Completa el dibujo para mostrar cómo **reagrupar** 1 decena como unidades.

   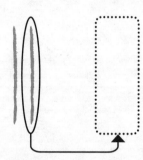

3. Completa el **diagrama de barras** para representar 64 − 31 = ?

   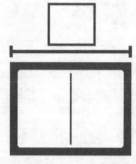

Rectas numéricas vacías

4. Halla 40 − 25 contando hacia atrás en una recta numérica vacía. Muestra tu trabajo.

   40 − 25 = _____

5. Halla 45 − 22 sumando en una recta numérica vacía. Muestra tu trabajo.

   45 − 22 = _____

Cuento de matemáticas

6. Lali tiene 30 galletas y les da 17 a sus amigos. ¿Cuántas galletas tiene Lali ahora?

   _____ galletas

Nombre _____

PROYECTO
6A

¿Las serpientes ponen huevos?

Proyecto: Haz un modelo de una serpiente y su nido

PROYECTO
6B

¿En qué se diferencian las escuelas de distintas partes del mundo?

Proyecto: Compara y contrasta el tamaño de las clases

PROYECTO
6C

¿Cuánto tiempo lleva viajar en carro desde una ciudad grande hasta lugares cercanos?

Proyecto: Haz un mapa de lugares de algún estado

PROYECTO
6D

¿Qué historias hay en el cielo nocturno?

Proyecto: Haz una representación teatral sobre las constelaciones

Nombre ______________________________

Resuélvelo y coméntalo ¿Cómo puedes usar decenas y unidades para resolver 23 – 6? Usa bloques de valor de posición como ayuda. Muestra tu trabajo.

Lección 6-1

Restar números de 1 dígito usando modelos

Puedo...
usar el valor de posición y modelos para restar números de 1 dígito.

También puedo usar herramientas matemáticas correctamente.

______ – ______ = ______

Halla 34 – 6. Usa bloques de valor de posición.

Muestra 34 con decenas y unidades.

Decenas	Unidades

3 decenas   4 unidades

Una manera
Quita 4 unidades.
Reagrupa 1 decena
como 10 unidades.
Quita 2 unidades más.

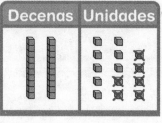

Decenas	Unidades

2 decenas   8 unidades

Otra manera
Reagrupa 1 decena
como 10 unidades.
Luego, quita
6 unidades.

Decenas	Unidades

2 decenas   8 unidades

Tacha 6 unidades.
Ahora quedan 2 decenas
8 unidades, que muestran
la diferencia.

Por tanto, 34 – 6 = __28__.

¡Convénceme! En el primer ejemplo, ¿por qué quitamos primero 4 unidades?

Práctica guiada   Resta. Usa bloques de valor de posición.
Dibuja bloques para representar tu trabajo.

1. 63 – 2 = _____

Decenas	Unidades

2. 44 – 9 = _____

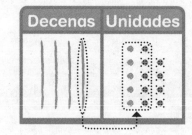

Decenas	Unidades

3. 32 – 8 = _____

Decenas	Unidades

Tema 6 | Lección

☆ Práctica independiente

Resta. Usa bloques de valor de posición.
Dibuja bloques para mostrar tu trabajo.

4. $29 - 1 =$ _____

Decenas	Unidades

5. $50 - 7 =$ _____

Decenas	Unidades

6. $61 - 4 =$ _____

Decenas	Unidades

7. $43 - 5 =$ _____

Decenas	Unidades

8. $86 - 9 =$ _____

Decenas	Unidades

9. $39 - 3 =$ _____

Decenas	Unidades

10. $56 - 8 =$ _____

Decenas	Unidades

11. $21 - 6 =$ _____

Decenas	Unidades

12. **Razonamiento de orden superior** ¿Qué números de un dígito puedes restar de 74 sin reagrupar antes? Explica cómo lo sabes.

_____

_____

_____

Piensa en qué representa cada dígito en 74.

13. ¿Cómo pueden los bloques de valor de posición ayudarte a hallar 66 − 8? Explícalo.

_____

_____

_____

_____

14. **Entender** Carolina tiene 45 canicas y le da 3 a su hermano.
¿Cuántas canicas tiene Carolina ahora?

_____ canicas

15. **Razonamiento de orden superior**
Sam tiene 9 anillos menos que Emilio.
Sam tiene 7 anillos más que Sara.
Emilio tiene 34 anillos. Haz un dibujo para explicar tu trabajo.

Sam tiene   Sara tiene

_____ anillos.   _____ anillos.

16. ☑ **Práctica para la evaluación** Dibuja bloque de valor de posición para hallar 34 − 8. ¿Cuál e la diferencia?

Decenas	Unidades

Recuerda que debes reagrupar si lo necesitas.

Ⓐ 22

Ⓑ 26

Ⓒ 28

Ⓓ 46

Nombre _____

Tienes 42 limpiapipas y usas 19 de ellos. ¿Cuántos limpiapipas tienes ahora?

Usa bloques de valor de posición como ayuda para resolver el problema.

Dibuja bloques de valor de posición para mostrar tu trabajo.

Lección 6-2

Restar números de 2 dígitos usando modelos

Puedo...

usar el valor de posición y modelos para restar números de 2 dígitos.

También puedo representar con modelos matemáticos.

_____ limpiapipas

Halla 43 – 24. Usa bloques de valor de posición.

Una manera
Quita 2 decenas y 3 unidades.

Reagrupa 1 decena como 10 unidades.
Quita 1 unidad más.

Muestra 43 con decenas y unidades.

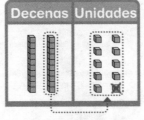

2 decenas

1 decena 9 unidades
Por tanto, 43 – 24 = 19.

Otra manera
Quita 2 decenas.

Reagrupa 1 decena como 10 unidades.
Quita 4 unidades.

Hay muchas maneras de restar.

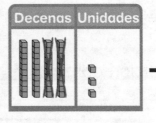

2 decenas 3 unidades

1 decena 9 unidades
Por tanto, 43 – 24 = 19.

¡Convénceme! ¿En qué se parece las dos maneras anteriores? ¿En qué se diferencian?

☆ **Práctica guiada** ☆

Resta. Usa bloques de valor de posición. Dibuja bloques para mostrar tu trabajo.

1. 52 – 13 = _____

Decenas	Unidades
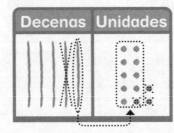	

2. 46 – 25 = _____

Decenas	Unidades

3. 65 – 37 = _____

Decenas	Unidades

     Tema 6 | Lección

Herramientas Evaluación

⭐ Práctica independiente

Resta. Usa bloques de valor de posición.
Dibuja bloques para mostrar tu trabajo.

4. 56 – 31 = _____

Decenas	Unidades

5. 63 – 24 = _____

Decenas	Unidades

6. 72 – 46 = _____

Decenas	Unidades

7. 57 – 15 = _____

Decenas	Unidades

8. 25 – 19 = _____

Decenas	Unidades

9. 84 – 27 = _____

Decenas	Unidades

10. 41 – 13 = _____

Decenas	Unidades

11. 90 – 38 = _____

Decenas	Unidades

12. Álgebra Escribe los números que completan
las ecuaciones. Haz dibujos como ayuda.

$37 - 18 = \boxed{}$

$46 - \boxed{} = 18$

$\boxed{} - 17 = 16$

13. Sentido numérico
¿Muestran estos modelos
el mismo valor? Explícalo.

_____

_____

_____

_____

14. Representar Anita tiene $63. Gasta $24 y ahorra el resto.
¿Cuánto dinero ahorra Anita?

Decenas	Unidades

$ _____

Puedes usar bloques de valor de posición para representar y resolver el problema.

15. Razonamiento de orden superior Escribe un cuento sobre resta para 36 − 17. Explica cómo resolver el problema.

_____

_____

_____

_____

_____

_____

_____

16. ☑ **Práctica para la evaluación** Dibuja bloques de valor de posición para hallar 70 − 11. ¿Cuál es la diferencia?

Decenas	Unidades

Ⓐ 59

Ⓑ 49

Ⓒ 47

Ⓓ 11

Resuélvelo y coméntalo

Ari tiene 72 calcomanías. Pega 25 de ellas en un álbum. ¿Cuántas calcomanías le quedan?

Dibuja bloques de valor de posición como ayuda para resolver el problema.

Puedo...
restar usando el valor de posición y las diferencias parciales.

También puedo razonar sobre las matemáticas.

Halla 64 − 36.

Puedes usar bloques de valor de posición para restar y mostrar las **diferencias parciales**.

Lo que muestras

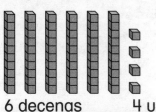

6 decenas   4 unidades

Puedes restar 3 decenas de 6 decenas.

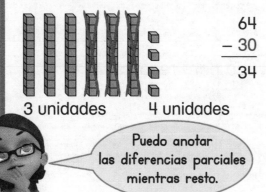

$$\begin{array}{r} 64 \\ -30 \\ \hline 34 \end{array}$$

3 unidades   4 unidades

Puedo anotar las diferencias parciales mientras resto.

Resta 6 unidades.
Primero, resta 4 unidades para formar 10.

Reagrupa 1 decena como 10 unidades.
Luego, resta 2 unidades.

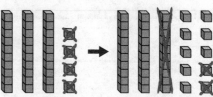

3 decenas   2 decenas   8 unidades

$$\begin{array}{r} 64 \\ -30 \\ \hline 34 \\ -4 \\ \hline 30 \\ -2 \\ \hline 28 \end{array}$$

Por tanto, 64 − 36 = __28__.

¡Convénceme! El ejemplo anterior muestra una manera de hallar 64 − 36 usando diferencias parciales. ¿Podrías comenzar restando las decenas en vez de las unidades? Explícalo.

Práctica guiada

Resta. Usa bloques de valor de posición para hallar las diferencias parciales. Anota tu trabajo.

1.   34 − 15 = _____

$$\begin{array}{r} 34 \\ -10 \end{array}$$ Resta 1 decena.

$$\begin{array}{r} 24 \\ -4 \end{array}$$ Resta 4 unidades.

$$\begin{array}{r} 20 \\ -1 \end{array}$$ Resta 1.

2.   63 − 48 = _____

$$\begin{array}{r} 63 \\ -3 \end{array}$$ Resta 3 unidades.

$$\begin{array}{r} 60 \\ -5 \end{array}$$ Resta 5 unidades.

$$\begin{array}{r} 55 \\ -40 \end{array}$$ Resta 4 decenas.

Nombre _____

☆ Práctica ☆ independiente

Resta. Usa bloques de valor de posición para hallar las diferencias parciales. Anota tu trabajo.

3. 52 − 36 = _____

4. 94 − 54 = _____

5. 41 − 25 = _____

6. 33 − 28 = _____

7. 65 − 42 = _____

8. 70 − 48 = _____

9. 96 − 37 = _____

10. 87 − 45 = _____

Resuelve el problema.
Dibuja un modelo como ayuda.

11. Razonamiento de orden superior El equipo de básquetbol de Tina anotó 61 puntos. Ganaron por 23 puntos. ¿Cuántos puntos anotó el otro equipo?

_____ puntos

12. **Representar** David tiene 72 canicas y José tiene 56. ¿Cuántas canicas más que José tiene David?

¿Puedes dibujar bloques de valor de posición para mostrar las diferencias parciales?

_____ canicas más

13. **Razonamiento de orden superior** Escribe un cuento sobre resta con dos números de 2 dígitos. Luego, resuelve el problema de tu cuento.

_____
_____
_____
_____
_____
_____
_____

14. ☑ **Práctica para la evaluación** ¿Qué números completan este problema de diferencias parciales para 44 − 17?

Selecciona todos los que apliquen.

$$
\begin{array}{r}
44 \\
- 10 \\
\hline
? \\
- 4 \\
\hline
? \\
- 3 \\
\hline
27
\end{array}
$$

☐ 20

☐ 30

☐ 31

☐ 34

Resuélvelo y coméntalo

Muestra dos maneras de hallar 53 – 28.

Lección 6-4

Más sobre restar usando diferencias parciales

Puedo...
usar diferencias parciales y descomponer mentalmente el número que estoy restando.

También puedo entender bien los problemas.

Halla 81 – 27.

Sabes contar hacia atrás en una recta numérica para restar.

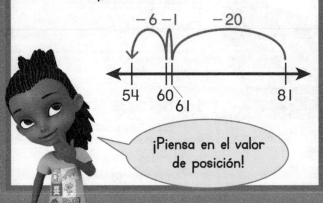

¡Piensa en el valor de posición!

También puedes descomponer mentalmente el número que estás restando.

$$81 - 27 = ?$$

| 20 | 7 |

| 1 | 6 |

Puedes anotar las diferencias parciales.

$$
\begin{array}{r}
81 \\
-\ 20 \\
\hline
61 \\
-\ 1 \\
\hline
60 \\
-\ 6 \\
\hline
54
\end{array}
$$

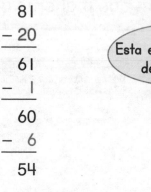

Esta es una manera de anotarlo.

Por tanto, 81 – 27 = __54__.

¡Convénceme! Halla 73 – 45. Andy dice que puede restar 3, luego 2 y luego 40 para hallar la diferencia. ¿Estás de acuerdo? Explícalo.

 **Práctica guiada** Resta. Usa diferencias parciales. Descompón el número que estás restando. Muestra tu trabajo.

1. 54 – 26 = _____

| 20 | 6 |

| 4 | |

$$
\begin{array}{r}
54 \\
-\ 20 \\
\hline
\end{array}
$$

2. 43 – 18 = _____

| | |

| | |

Nombre ______

Herramientas Evaluación

☆ **Práctica independiente** ☆ Resta. Usa diferencias parciales. Descompón el número que estás restando. Muestra tu trabajo.

3. ______ = 32 − 13

4. 74 − 28 = ______

5. ______ = 61 − 47

6. 84 − 46 = ______

7. 59 − 17 = ______

8. ______ = 95 − 38

9. **Razonamiento de orden superior** Para hallar 53 − 27, Tina descompuso 27 en 23 y 4. ¿Funciona el método de Tina?

Muestra otra manera de descomponer 27 para encontrar 53 − 27.
Luego, halla la diferencia.

10. enVision® STEM Catalina tenía 32 cubos de hielo. Puso 14 al sol y se derritieron. ¿Cuántos cubos de hielo tiene Catalina ahora?

_____ cubos de hielo

11. Entender Mark tiene 27 estampillas. Sam tiene 82 estampillas. Lena tiene 42 estampillas. ¿Cuántas estampillas más que Mark tiene Sam?

Piensa lo que sabes y lo que necesitas averiguar.

_____ estampillas más

12. Razonamiento de orden superior Allison halló $51 - 34$ usando diferencias parciales. Descompuso 34 en $31 + 3$.

Escribe ecuaciones que muestren cómo Allison podría haber hallado la diferencia.

13. ☑ Práctica para la evaluación ¿Puedes usa las ecuaciones para hallar $63 - 45$? Escoge Sí o No.

$63 - 3 = 60$ ○ Sí   ○ No
$60 - 2 = 58$
$58 - 40 = 18$

$63 - 40 = 23$ ○ Sí   ○ No
$23 - 5 = 18$

$45 - 10 = 35$ ○ Sí   ○ No
$35 - 5 = 30$

Resuélvelo y coméntalo

Halla 82 − 56. Usa una de las estrategias que aprendiste o tu propia estrategia. Muestra tu trabajo. Explica por qué funciona tu estrategia.

Puedo...

restar números de 2 dígitos usando cualquiera de las estrategias aprendidas, y explicar por qué funciona esa estrategia.

También puedo hacer mi trabajo con precisión.

Halla 72 − 24.

Una manera es dibujar bloques, reagrupar, restar y anotar las diferencias parciales.

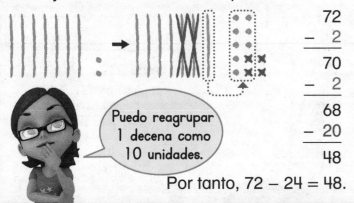

Puedo reagrupar 1 decena como 10 unidades.

$$
\begin{array}{r}
72 \\
-\ 2 \\
\hline
70 \\
-\ 2 \\
\hline
68 \\
-\ 20 \\
\hline
48
\end{array}
$$

Por tanto, 72 − 24 = 48.

Otra manera es descomponer los números, restar y anotar las diferencias parciales.

72 − 24 = ?

20   4

2   2

$$
\begin{array}{r}
72 \\
-\ 20 \\
\hline
52 \\
-\ 2 \\
\hline
50 \\
-\ 2 \\
\hline
48
\end{array}
$$

Por tanto, 72 − 24 = 48.

Puedes explicar por qué una estrategia sirve para restar.

¡Las diferencias parciales funcionan! Las unidades y decenas que resto dan por resultado 24, el número qué estoy restando.

¡Convénceme! ¿Puedes resolver 72 − 24 con una estrategia diferente? Explícalo.

☆ **Práctica guiada** ☆

Usa cualquier estrategia para restar. Muestra tu trabajo. Dibuja bloques si es necesario. Explica por qué funciona tu estrategia.

I. 67 − 39 = _____

$$67 - 40 = 27$$

$$27 + 1 = 28$$

La compensación funciona. Es fácil restar 40, pero tengo que sumar 1 a la diferencia.

2. 78 − 42 = _____

Nombre _____

☆ **Práctica** ☆
independiente

Usa cualquier estrategia para restar. Muestra tu trabajo.
Debes estar listo para explicar por qué funciona tu estrategia.

3. 73 – 4 = _____

4. 78 – 25 = _____

5. 83 – 46 = _____

6. 36 – 27 = _____

7. 98 – 51 = _____

8. 65 – 7 = _____

9. 86 – 19 = _____

10. 71 – 8 = _____

11. 85 – 23 = _____

Álgebra Halla el número que falta.

Busca un patrón.
Calcula mentalmente.

12. 34 – 8 = 35 – ⬜

13. 27 – 9 = 28 – ⬜

Resolución de problemas

Entender Haz un plan. Resuelve cada problema. Muestra tu trabajo.

14. Una ferretería tiene 32 martillos en venta. El sábado vende 16 martillos. ¿Cuántos martillos quedan?

_____ martillos

15. Un peluquero hizo 15 cortes de cabello el lunes y 28 cortes el viernes. ¿Cuántos cortes de cabello más que el lunes hizo el viernes?

_____ cortes de cabello más

16. **A-Z** **Vocabulario** Completa cada oración. Usa dos de las siguientes palabras.

sumando   **ecuación**
diferencia   **suma o total**

$93 - 53 = 40$ es una _____.

40 es el/la _____ de 93 y 53.

17. **Razonamiento de orden superior** Completa los recuadros con los dígitos que faltan en esta resta.

$\boxed{}\boxed{} - 23 = 29$

18. ☑ **Práctica para la evaluación** Encierra en un círculo la resta en que puedes reagrupar para resolver. Luego, usa una estrategia para hallar ambas diferencias. Muestra tu trabajo.

$56 - 38 =$ _____ $74 - 52 =$ _____

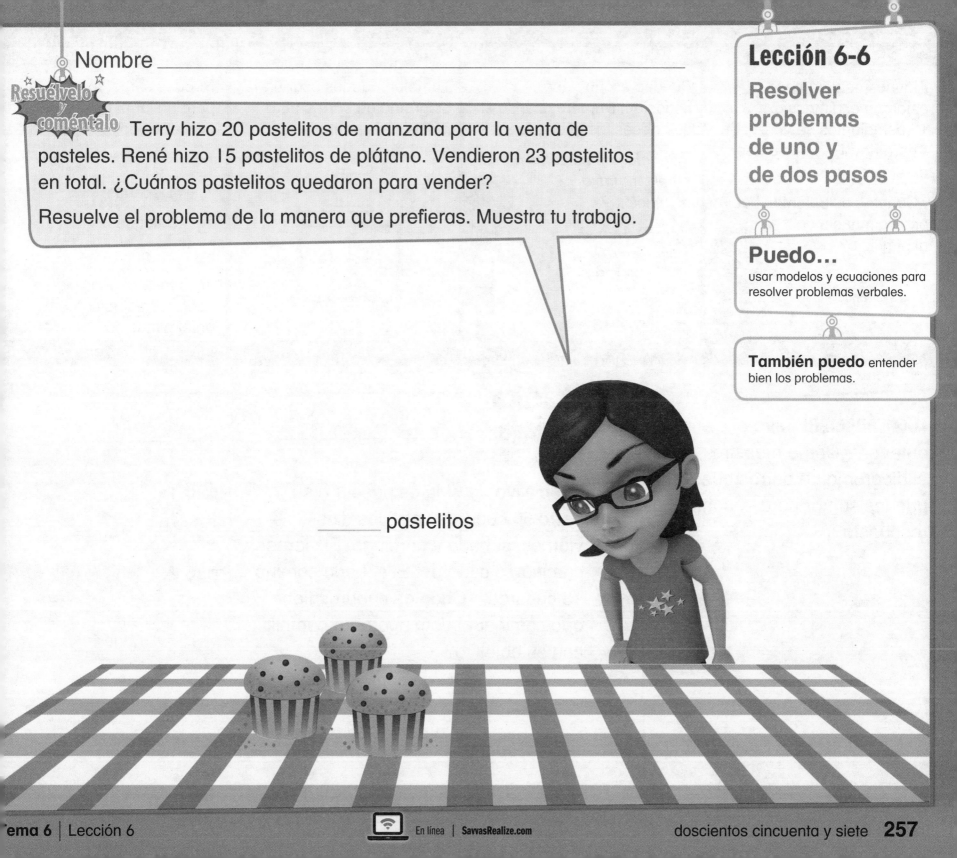

Resuélvelo y coméntalo

Terry hizo 20 pastelitos de manzana para la venta de pasteles. René hizo 15 pastelitos de plátano. Vendieron 23 pastelitos en total. ¿Cuántos pastelitos quedaron para vender?

Resuelve el problema de la manera que prefieras. Muestra tu trabajo.

_____ pastelitos

Lección 6-6

Resolver problemas de uno y de dos pasos

Puedo...
usar modelos y ecuaciones para resolver problemas verbales.

También puedo entender bien los problemas.

Algunos estudiantes están en el gimnasio. 13 estudiantes se van. Ahora hay 15 estudiantes en el gimnasio.

¿Cuántos estudiantes había en el gimnasio al principio?

¿Qué está pasando en el cuento?

Puedes escribir una ecuación. Primero, piensa en qué necesitas averiguar.

¿Cuántos estudiantes había en el gimnasio al principio?

Puedes usar un ? para el valor desconocido.

$? - 13 = 15$

También puedes usar un diagrama de barras para mostrar las partes y el entero.

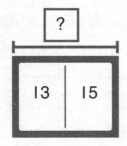

?
13	15

Puedes sumar las partes para hallar el total desconocido.

$$\begin{array}{r} 13 \\ + 15 \\ \hline \end{array}$$

Decenas: 20

Unidades: + 8

Suma: 28

Por tanto, al principio había 28 estudiantes en el gimnasio.

¡Convénceme! Mira el ejemplo anterior. ¿Cómo muestra el diagrama de barras que puedes sumar para encontrar la respuesta?

☆**Práctica guiada**☆ Resuelve el problema. Muestra tu trabajo.

1. El objetivo de Kyla es pasear a su perro 50 cuadras entre los días viernes, sábado y domingo. El viernes caminó 16 cuadras. El sábado caminó 18 cuadras. ¿Cuántas cuadras tiene que caminar el domingo para cumplir con su objetivo?

Paso 1:

$16 \;(+)\; 18 = 34$

Paso 2:

$50 \;(-)\; 34 = 16$

_____ cuadras

Herramientas Evaluación

☆ Práctica ☆ independiente

Usa un diagrama de barras para resolver los problemas. Muestra tu trabajo.

2. En el armario se guardan algunas pelotas. El señor Juárez saca 15 para su clase y ahora quedan 56 pelotas. ¿Cuántas pelotas había al principio?

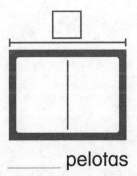

_____ pelotas

3. César compró una caja de 96 clips y usó 34 clips. ¿Cuántos clips le quedan a César?

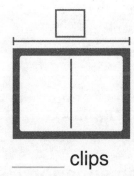

_____ clips

4. A.J. contó 44 bellotas en su jardín. Recogió 27, pero después 16 bellotas más cayeron del árbol. ¿Cuántas bellotas hay ahora en el jardín? Muestra tu trabajo.

Piensa en qué debes averiguar primero. Luego, usa esa respuesta para resolver el problema.

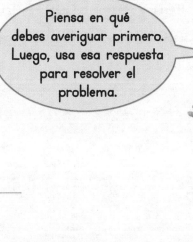

Paso 1:

_____ ◯ _____ = _____

_____ bellotas

Paso 2:

_____ ◯ _____ = _____

★ **Resolución de** ★
★ **problemas**

Entender Haz un plan. Resuelve los problemas.
Muestra tu trabajo. Luego, comprueba si está bien.

5. 27 personas asisten a un picnic. 14 comen hamburguesas y el resto come *hot dogs*. ¿Cuántas personas comen *hot dogs*?

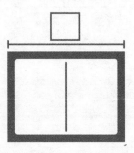

_____ personas comen *hot dogs*.

6. Hay algunas calabazas en un huerto. Se recogen 41 calabazas y quedan 33. ¿Cuántas calabazas había en el huerto al principio?

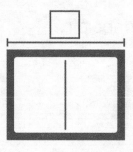

_____ calabazas

---

7. Razonamiento de orden superior Luz tenía una colección de estampillas. Le dio 12 a Karen y 15 a Eddy. A Luz le quedaron 22 estampillas. ¿Cuántas estampillas tenía al principio?

Paso 1:

_____ ◯ _____ = _____

Paso 2:

_____ ◯ _____ = _____

_____ estampillas

8. ☑ Práctica para la evaluación Luis compra 48 huevos y usa 24 para cocinar. Luego, compra 12 huevos más. ¿Cuántos huevos tiene ahora?

¿Qué grupo de ecuaciones puedes usar para resolver el problema?

Ⓐ 48 + 24 = 72
  72 − 12 = 60

Ⓒ 48 + 24 = 72
  72 + 12 = 84

Ⓑ 48 − 24 = 24
  24 + 12 = 36

Ⓓ 48 − 24 = 24
  24 − 12 = 12

Nombre _____

Resuélvelo y coméntalo

El granjero Domínguez tiene 52 gallinas.
El granjero Ramos tiene 15 gallinas menos.
¿Cuántas gallinas tiene el granjero Ramos?

¿Debes sumar o restar para resolver este problema?
Explica por qué. Resuélvelo. Muestra tu trabajo.

Puedo...
razonar en los problemas verbales y usar diagramas de barras y ecuaciones para resolverlos.

También puedo sumar y restar números de dos dígitos.

Hábitos de razonamiento

¿Cómo se relacionan los números en el problema? ¿Cómo puedo mostrar un problema verbal con dibujos y números?

Había 45 cuentas dentro de un frasco. Yoli usó algunas para hacer un collar y ahora quedan 17 cuentas.

¿Cuántas cuentas usó Yoli para su collar?

¿Cómo puedo razonar para resolver el problema?

45 cuentas – cuentas en = 17 cuentas
el collar   sin usar

Puedo pensar en cómo se relacionan los números. $45 - ? = 17$ Puedo mostrar esto con un diagrama de barras.

45

? | 17

Conozco el entero. Por tanto, puedo restar la parte que conozco para hallar la parte que falta.

Halla $45 - 17 = ?$.

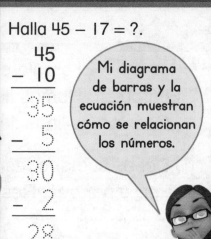

$$\begin{array}{r} 45 \\ -\ 10 \\ \hline 35 \\ -\ 5 \\ \hline 30 \\ -\ 2 \\ \hline 28 \end{array}$$

Mi diagrama de barras y la ecuación muestran cómo se relacionan los números.

$45 - 17 = 28$ cuentas

¡Convénceme! ¿Por qué puedes restar $45 - 17$ para resolver $45 - ? = 17$?

✮ Práctica guiada ✮ Razona acerca de los números de los problemas. Completa el diagrama de barras y escribe una ecuación para resolverlos. Muestra tu trabajo.

1. Wendy tiene 38 centavos para comprar un antojito. Compra una manzana que cuesta 22 centavos. ¿Cuántos centavos le quedan a Wendy?

38

22 | ?

38 ⊖ 22 ⊜ _____ centavos

---

2. Pepe tiene 46 crayones. Camila tiene 18 crayones más que él. ¿Cuántos crayones tiene Camila?

_____ ◯ _____ ◯ _____ crayones

★ **Práctica** ★
independiente

Razona acerca de cómo se relacionan los números
en cada problema. Completa el diagrama de barras y
escribe una ecuación para resolver. Muestra tu trabajo.

3. **enVision®** STEM La clase de Andy quiere analizar
muestras de agua de río. Quieren analizar 47
muestras de agua. Hasta el momento, analizaron 34.
¿Cuántas muestras más necesitan analizar?

_____ ◯ _____ ◯ _____ muestras más

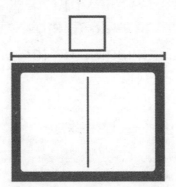

4. Grant guarda 93 monedas de 10¢ en una caja.
Usó algunas de las monedas para comprarse un
juego. Ahora le quedan 66 monedas de 10¢ en la
caja. ¿Cuántas monedas usó Grant para comprar
el juego?

_____ ◯ _____ ◯ _____ monedas de 10¢

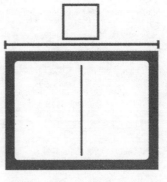

5. María pinta 62 cuadrados para un mural. Óscar pinta
38 cuadrados. ¿Cuántos cuadrados más que Óscar
pinta María?

_____ ◯ _____ ◯ cuadrados más

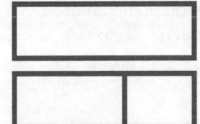

Plantación de árboles

Los estudiantes de segundo y tercer grado plantaron estos árboles en el Parque Botánico. Los de segundo grado plantaron 26 abetos. ¿Cuántos abetos plantaron los estudiantes de tercer grado?

38 robles   **44 abetos**

6. **Entender** ¿Qué información obtienes de los dibujos?

_____

_____

_____

_____

7. **Representar** Completa el diagrama de barras. Decide cómo se relacionan los números en el problema. Luego, escribe una ecuación que muestre cómo resolver el problema.

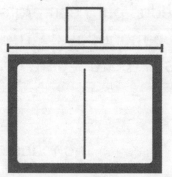
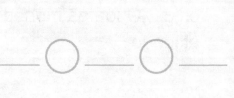

8. **Razonar** ¿Cuántos abetos plantaron los estudiantes de tercer grado? Explica cómo resolviste el problema.

_____ abetos

Trabaja con un compañero. Necesitan papel y lápiz. Cada uno escoge un color diferente: celeste o azul.

El compañero 1 y el compañero 2 apuntan a uno de los números negros al mismo tiempo. Ambos suman esos números.

Si la respuesta está en el color que escogiste, puedes anotar una marca de conteo. Sigan la actividad hasta que uno de los dos tenga siete marcas de conteo.

Puedo...
sumar hasta 100.

También puedo construir argumentos matemáticos.

Compañero 1

| 49 |
| 60 |
| 36 |
| 58 |
| 20 |

34	76	74	61	63	89
58	80	93	78	95	100
85	74	69	50	98	65
45	87	60	84	89	49

Compañero 2

| 40 |
| 25 |
| 14 |
| 38 |
| 29 |

Marcas de conteo para el compañero 1

Marcas de conteo para el compañero 2

Repaso del vocabulario

A-Z
Glosario

Lista de palabras
- decenas
- diagrama de barras
- diferencia
- ecuación
- reagrupación
- unidades

Comprender el vocabulario

Escribe *siempre*, *a veces* o *nunca*.

1. Un diagrama de barras puede mostrar una resta. _____

2. Un 8 en el lugar de las unidades es igual a 80. _____

3. Un 5 en el lugar de las decenas es igual a 50. _____

Traza una línea para unir cada término con su ejemplo correspondiente.

4. ecuación

5. reagrupación

6. diferencia

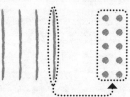

La respuesta a 75 – 23

72 + 25 = 97

Usar el vocabulario al escribir

7. Explica cómo puedes hacer un modelo que te ayude a mostrar y resolver el problema. Usa términos de la Lista de palabras.

Molly tiene 64 canicas.
Leslie tiene 29.
¿Cuántas canicas menos tiene Leslie?

Nombre _____

Grupo A

Puedes usar bloques de valor de posición para
hallar 46 – 8. Puedes reagrupar 1 decena
como 10 unidades y luego quitar 8 unidades.

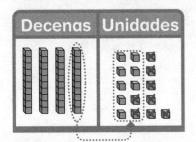

46 – 8 = _38_

¿Necesitaste reagrupar?

(Sí)   No

Refuerzo

Resta. Puedes usar bloques
de valor de posición como
ayuda. Dibuja bloques para
mostrar tu trabajo.

1. 61 – 3 = _____

Decenas	Unidades

2. 57 – 5 = _____

Decenas	Unidades

Grupo B

Puedes usar bloques de valor de posición para
hallar 72 – 26. Primero, quita las decenas.
Luego, reagrupa 1 decena como 10 unidades
y quita 6 unidades.

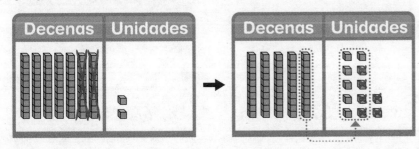

72 – 26 = _46_

Resta. Usa bloques de valor de
posición. Muestra tu trabajo.

3. 27 – 11 = _____

Decenas	Unidades

4. 33 – 24 = _____

Decenas	Unidades

Puedes usar bloques de valor de posición y diferencias parciales para hallar 53 – 37. Primero, resta 3 decenas de 5 decenas. Luego, resta 3 unidades para formar 10. Luego, reagrupa 1 decena como 10 unidades y resta las otras 4 unidades.

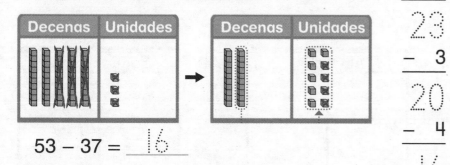

53 – 37 = _16_

$$
\begin{array}{r}
53 \\
- 30 \\
\hline
23 \\
- 3 \\
\hline
20 \\
- 4 \\
\hline
16
\end{array}
$$

Resta. Usa bloques de valor de posición para hallar diferencias parciales. Anota tu trabajo.

5. 22 – 14 = _____

6. 73 – 38 = _____

7. 45 – 25 = _____

8. 84 – 46 = _____

Puedes descomponer mentalmente el número que estás restando. Halla 72 – 47.

Resta 47 en partes. Puedes restar las partes en cualquier orden y anotar las diferencias parciales.

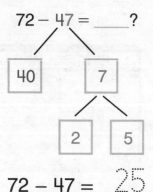

72 – 47 = ___?

72 – 47 = _25_

$$
\begin{array}{r}
72 \\
- 40 \\
\hline
32 \\
- 2 \\
\hline
30 \\
- 5 \\
\hline
25
\end{array}
$$

Resta. Usa diferencias parciales. Descompón el número que estás restando. Muestra tu trabajo.

9. 47 – 29 = _____

10. 55 – 36 = _____

11. 55 – 37 = _____

12. 77 – 53 = _____

Nombre _____

Grupo E

Puedes dibujar bloques, reagrupar y anotar las diferencias parciales. Halla 52 − 33.

Puedes reagrupar 1 decena como 10 unidades.

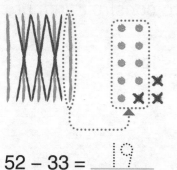

$$
\begin{array}{r}
52 \\
- \ \ 2 \\
\hline
50 \\
- \ \ 1 \\
\hline
49 \\
- \ 30 \\
\hline
19
\end{array}
$$

52 − 33 = __19__

Usa la herramienta que prefieras para restar. Muestra tu trabajo.

13. 81 − 66 = _____   **14.** 96 − 19 = _____

15. 62 − 17 = _____   **16.** 57 − 29 = _____

Grupo F

Hay 48 personas en la playa. 16 están nadando. El resto juega al voleibol. ¿Cuántas personas juegan al voleibol?

Puedes usar un diagrama de barras y diferencias parciales para resolver el problema.

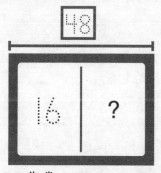

$$
\begin{array}{r}
48 \\
- \ \ 6 \\
\hline
42 \\
- \ 10 \\
\hline
32
\end{array}
$$

__32__ personas juegan al voleibol.

Resuelve el problema. Muestra tu trabajo.

17. Marcos tiene 33 calcomanías. 16 son verdes y el resto, amarillas. ¿Cuántas calcomanías amarillas tiene?

_____ calcomanías amarillas

Completa el diagrama de barras y escribe una ecuación para mostrar el problema. Luego, resuélvelo. Muestra tu trabajo.

Hábitos de razonamiento

Razonar

¿Qué significan los números, los signos y los símbolos en el problema?

¿Cómo se relacionan los números en el problema?

¿Cómo puedo mostrar un problema verbal usando dibujos o números?

18. Se necesitan 94 ladrillos para construir un muro. Lindy tiene 65 ladrillos.
¿Cuántos ladrillos más necesita?

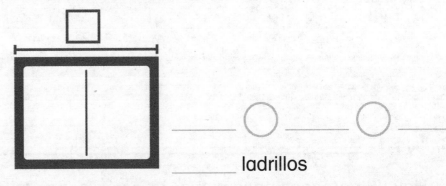

_____ ladrillos

19. Explica por qué hacer un diagrama de barras te puede ayudar a resolver el problema anterior.

_____

_____

_____

_____

_____

_____

Práctica para la evaluación

1. ¿Cuál es la diferencia de 55 – 7?
Puedes dibujar bloques de valor de posición.

Ⓐ 45

Ⓑ 46

Ⓒ 47

Ⓓ 48

Decenas	Unidades

2. Sam tiene 74 libros. Coloca 28 libros en un estante.
¿Cuántos libros **NO** están en el estante? Muestra tu trabajo.

_____ libros **NO** están en el estante.

3. Un barco tiene 68 ventanas redondas.
El barco también tiene 16 ventanas cuadradas.
7 ventanas están rotas.
¿Cuántas ventanas **NO** están rotas?

Ⓐ 45

Ⓑ 61

Ⓒ 77

Ⓓ 91

4. Robert tiene 46 canicas.
Felipe tiene 4 canicas menos que Robert.
Felipe le da 9 canicas a un amigo.

A. ¿Qué par de ecuaciones deberíamos usar para hallar cuántas canicas tiene Felipe ahora?

Ⓐ $46 - 4 = 42$
    $42 - 9 = 33$

Ⓒ $46 + 4 = 50$
    $50 - 9 = 41$

Ⓑ $46 - 4 = 42$
    $42 + 9 = 51$

Ⓓ $46 + 4 = 50$
    $50 + 9 = 59$

B. ¿Cuántas canicas tiene Felipe ahora?

_____

5. Jason quiere hallar 86 − 61 usando bloques de valor de posición.

¿Necesitará Jason reagrupar para hallar esa diferencia? ¿Cuál es la opción correcta?

(A) Sí; Debería reagrupar 86 como 8 decenas y 16 unidades.

(B) Sí; Debería reagrupar 61 como 5 decenas y 11 unidades.

(C) Sí; Debería reagrupar 86 como 7 decenas y 16 unidades.

(D) No; No hace falta reagrupar.

6. Un libro tiene 72 páginas. Daniel lee 38 páginas el lunes. Lee 26 páginas el martes. ¿Cuántas páginas le quedan por leer a Daniel?

A. ¿Qué par de ecuaciones hay que usar para hallar las páginas que le faltan leer a Daniel?

(A) $38 + 26 = 64$
$72 − 64 = 8$

(C) $72 + 26 = 98$
$98 − 38 = 60$

(B) $72 − 38 = 34$
$34 + 26 = 60$

(D) $72 − 26 = 46$
$46 + 38 = 84$

B. ¿Cuántas páginas le quedan por leer a Daniel? _____

7. Encierra en un círculo la resta que puedes resolver reagrupando bloques de valor de posición. Luego, dibuja los bloques para mostrar cómo lo sabes.

$54 − 23$ $82 − 44$

8. Claire tiene 53 cuentas.
Grace tiene 26 cuentas. Bella tiene 39 cuentas. ¿Cuántas cuentas menos que Bella tiene Claire?

Muestra cómo puedes descomponer un número y usar diferencias parciales para resolverlo.

_____ cuentas menos

9. ¿Qué números completan este problema de diferencias parciales para 54 – 18? Escoge todos los que apliquen.

$$
\begin{array}{r}
54 \\
-\ 10 \\
\hline
? \\
-\ 4 \\
\hline
40 \\
-\ 4 \\
\hline
? \\
\end{array}
$$

☐ 34

☐ 36

☐ 44

☐ 45

☐ 53

10. Usa cualquier estrategia para hallar 24 – 16. Muestra tu trabajo. Escribe la parte que falta en el diagrama de barras.

24 – 16 = _____

11. Pedro juntó 54 estampillas. Le dio 29 estampillas a Ruth. ¿Cuántas estampillas tiene Pedro ahora? Muestra el problema en el diagrama de barras con un ? para el número desconocido. Luego, escribe una ecuación para resolver el problema.

_____ ◯ _____ = _____ estampillas

12. Halla 53 – 27. Usa diferencias parciales para resolverlo. Muestra tu trabajo.

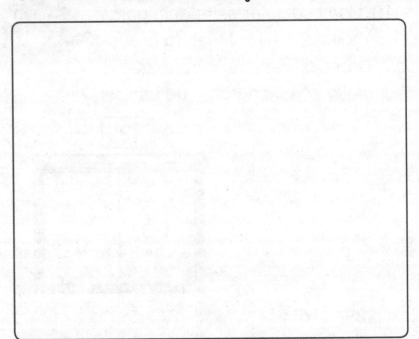

53 – 27 = _____

13. Escoge todas las restas que puedas resolver reagrupando si usas bloques de valor de posición. Dibuja los bloques si es necesario.

- ☐ 45 – 0 = ?

- ☐ 68 – 49 = ?

- ☐ 84 – 37 = ?

- ☐ 99 – 33 = ?

- ☐ 78 – 18 = ?

14. Halla 72 – 38. Usa cualquier estrategia para resolverlo. Luego, explica por qué funciona tu estrategia.

Tarea de rendimiento

Colección de estampillas

Mary colecciona estampillas.
La tabla muestra la cantidad de estampillas que tiene de cada tipo.

Cantidad de estampillas	
Banderas	8
Mariposas	34
Aves	27
Flores	61

1. ¿Cuántas estampillas con mariposas más que con banderas tiene Mary?
Escoge una estrategia para resolverlo.
Muestra tu trabajo.

_____ estampillas con mariposas más

2. ¿Cuántas estampillas con aves menos que con flores tiene Mary? Usa una estrategia diferente para resolverlo.
Muestra tu trabajo.

_____ estampillas con aves menos

3. Explica por qué funciona la estrategia que elegiste en el punto 2.

4. Lucas también colecciona estampillas.
Tenía 57 estampillas y un amigo
le dio 25 más.
Luego, Lucas regaló algunas
estampillas y ahora tiene 44 en total.
¿Cuántas estampillas regaló
Lucas?

Parte A

¿Cuántas estampillas tenía Lucas
después de que su amigo le dio
algunas estampillas?

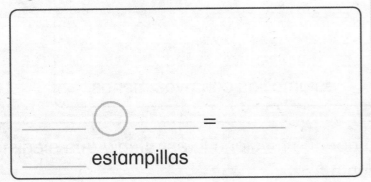

_____ ◯ _____ = _____

_____ estampillas

Parte B

¿Cuántas estampillas regaló Lucas?

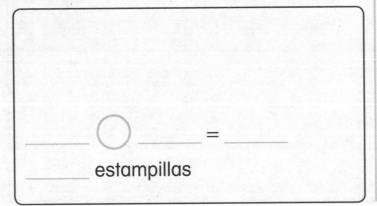

_____ ◯ _____ = _____

_____ estampillas

5. Mary pone 54 de sus estampillas en un libro.
En el libro se pueden poner hasta 96 estampillas.
¿Cuántas estampillas más puede poner Mary
en el libro?

Parte A

Completa el diagrama de barras para representar
el problema.

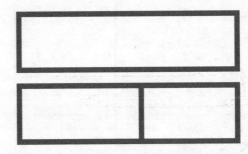

Explica cómo te ayuda el diagrama
de barras a comprender el problema.

_____

_____

_____

Parte B

Escribe una ecuación para resolver el problema.

_____ ◯ _____ = _____

_____ estampillas más

Recursos digitales

 Libro del estudiante

 Aprendizaje visual

 Práctica

 Evaluación

 Herramientas

 Glosario

TEMA 7

Más resolución de problemas de suma y resta

Pregunta esencial: ¿Cómo puedes resolver los problemas verbales de suma y resta?

¡La fila de árboles ayuda a detener el viento!

Esta es solo una de las formas que ayudan a proteger el terreno del viento y del agua.

¡Qué interesante! Hagamos este proyecto y aprendamos más.

Proyecto de 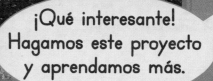 enVision® STEM: Resolver problemas

Investigar Busca y comenta libros que traten de maneras de proteger el terreno de los daños que pueden causar el viento o el agua. Compara las diferentes maneras de proteger el terreno.

Diario: Hacer un libro Incluye lo que averiguaste. En tu libro, también:

• muestra algunas maneras de resolver problemas causados por el viento o el agua.

• muestra maneras en que se resuelven problemas usando la suma o la resta.

Nombre _____

A-Z Vocabulario

1. Escribe la siguiente resta como una **ecuación**.

$$\begin{array}{r} 75 \\ -\ 30 \\ \hline 45 \end{array}$$

2. Completa el **diagrama de barras** para representar $77 + 22 = ?$

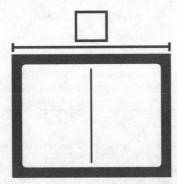

3. Encierra en un círculo los dos sumandos que son **números compatibles**.

$18 + 6 + 4 = ?$

Sumar para comprobar la resta

4. Suma para comprobar si la ecuación de resta es correcta.

$$51 - 22 = 29$$

Restar para comprobar la suma

5. Resta parta comprobar si la suma es correcta.

$$37 + 26 = 53$$

Cuento numérico

6. Juan y María cuentan pájaros. Juan cuenta 17 y María cuenta 33. ¿Cuántos pájaros más que Juan contó María?

¿Es correcta? _____

¿Es correcta? _____

_____ pájaros más

Nombre _____

PROYECTO 7A

¿Cúantos puntos anotó tu jugador de *hockey* favorito?

Proyecto: Diseña una tarjeta de jugador

PROYECTO 7B

¿Cuántos pisos tienen los rascacielos de Nueva York?

Proyecto: Haz el modelo de un rascacielos

PROYECTO 7C

¿En qué lugares de los Estados Unidos puedes encontrar cuevas?

Proyecto: Crea una lista de problemas que puede haber en una cueva

Representación matemática
La jarra de agua

Video

Antes de ver el video, piensa:

¿Sabías que sentir hambre puede en realidad significar que tienes sed? La mejor manera de averiguarlo es tomar un vaso de agua y esperar 15 minutos. Si todavía tienes hambre, ¡es hora de comer!

Puedo...
representar con modelos matemáticos para resolver un problema relacionado con usar estrategias para sumar y restar.

Resuélvelo y coméntalo

Luisa tiene algunos cubos rojos y 11 azules. Tiene un total de 24 cubos rojos y azules.

Luisa dice que se puede mostrar el problema con esta ecuación:

$$? + 11 = 24$$

Dibuja lo que representa el ?.
Explica tu respuesta.

Lección 7-1

Representar problemas de suma y resta

Puedo...
representar problemas usando ecuaciones con valores desconocidos en cualquier posición.

También puedo representar con modelos matemáticos.

Roberto tenía 27 robots y compró algunos más. Ahora tiene 58 robots. ¿Cuántos robots compró Roberto?

58 es el entero. 27 es una parte.

Puedes mostrar el problema con una ecuación.

$$27 + ? = 58$$

El ? representa el sumando que no conoces.

58

| 27 | ? |

Puedes resolver el problema contando hacia adelante desde 27 hasta llegar a 58.

$27 + 10 = 37$
$37 + 10 = 47$
$47 + 10 = 57$
$57 + 1 = 58$

$10 + 10 + 10 + 1 = 31$
Por tanto, $27 + 31 = 58$.

Roberto compró 31 robots.

Puedes restar para resolver el problema.

$$58 - 27$$

20   7

$58 - 20 = 38$
$38 - 7 = 31$

Puedes sumar para comprobar tu respuesta.
$31 + 27 = 58$
Roberto compró 31 robots.

¡Convénceme! ¿Puedes mostrar el problema de los robots de Roberto con la siguiente ecuación? Explícalo.

$$58 = 27 + ?$$

☆ **Práctica guiada** ☆   Escribe una ecuación para representar el problema, usando un ? para el valor desconocido. Resuélvela y muestra tu trabajo.

1. Marina tenía algunos boletos para los juegos. Regaló 14 boletos y ahora le quedan 17. ¿Cuántos boletos tenía al principio?

Ecuación:  $? - 14 = 17$ _____ boletos

---

2. Tamara tenía $25 y después ganó $34 más por su trabajo. ¿Cuánto dinero tiene ahora?

Ecuación: _____ $ _____

Tema 7 | Lección 1

☆ **Práctica independiente** ☆

Escribe una ecuación para resolver el problema usando un ? para el valor desconocido. Resuélvela y muestra tu trabajo.

---

3. Erin tenía 32 libros en su estante. Regala algunos libros a sus amigos y ahora le quedan 19. ¿Cuántos libros regaló?

Ecuación: _____

_____ libros

---

4. Una tienda vendió 38 bicicletas de hombre y 47 de mujer. ¿Cuántas bicicletas se vendieron en total?

Ecuación: _____

_____ bicicletas

---

5. enVision® STEM En una huerta hay 25 árboles. 14 son árboles nuevos y el resto son viejos. ¿Cuántos árboles son viejos? Escribe dos ecuaciones para representar el problema. Luego, resuélvelas.

Ecuación: _____

Ecuación: _____

_____ árboles viejos

---

6. Sentido numérico Enrico compró 22 peces. Tiene una pecera redonda y otra rectangular. ¿Cómo puede distribuir los peces en las dos peceras?

Ecuación: _____

_____ en la pecera redonda

_____ en la pecera rectangular

Escribe una ecuación para resolver el problema usando un ? para el valor desconocido. Resuélvela y muestra tu trabajo.

7. Representar Rony recogió 17 hojas y Celia 23 hojas. ¿Cuántas hojas más que Rony recogió Celia?

Ecuación: _____

_____ hojas más

8. Representar Julio nadó 18 largos y Mara 25. ¿Cuántos largos menos que Mara nadó Julio?

Ecuación: _____

_____ largos menos

9. Razonamiento de orden superior
Keni tiene 44 rosas. 14 rosas son blancas y el resto son rojas. ¿Cuántas son rojas? Escribe dos ecuaciones para representar el problema. Luego, resuélvelo.

Ecuación: _____

Ecuación: _____

_____ rosas rojas

10. ☑ Práctica para la evaluación
Algunos lobos aullaban en el bosque. 12 lobos más se les unen. Ahora, hay 30 lobos aullando. ¿Cuántos lobos aullaban al principio?

¿Qué ecuación representa el problema? Selecciona todas las que apliquen.

☐ $? + 12 = 30$

☐ $30 = 12 + ?$

☐ $30 + 12 = ?$

☐ $30 = ? + 12$

Esta semana, Aydín tiene 27 crayones menos que la semana pasada. La semana pasada tenía 56 crayones. ¿Cuántos crayones tiene Aydín esta semana? Muestra tu trabajo.

Lección 7-2

Práctica variada: Resolver problemas de suma y resta

Puedo...
usar dibujos y ecuaciones para entender mejor las palabras de un problema.

También puedo entender bien los problemas.

_____ crayones

Sally tiene 28 bloques menos que Nano. Sally tiene 26 bloques. ¿Cuántos bloques tiene Nano?

Debemos pensar en quién tiene menos bloques y quién tiene más bloques.

Un diagrama de barras puede ayudarte a pensar en el problema.

Los bloques de Nano

?

| 26 | 28 |

Los bloques   28 bloques
de Sally   menos

$$26 + 28 = ?$$

Sally tiene 28 bloques menos que Nano. Eso significa que Nano tiene más bloques que Sally. ¡Necesitas sumar!

	Decenas	Unidades
	2	6
+	2	8
	4	0
	1	4
	5	4

Nano tiene 54 bloques.

¡Convénceme! ¿En qué se parecen o se diferencian estas oraciones? Camilo tiene 12 bloques menos que Marta. Marta tiene 12 bloques más que Camilo.

☆Práctica guiada☆

Resuelve el problema de la manera que prefieras. Usa dibujos o ecuaciones como ayuda.

1. Lakota tiene 11 imanes menos que Juan. Lakota tiene 25 imanes. ¿Cuántos imanes tiene Juan?

?

| 25 | 11 |

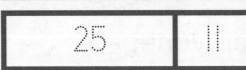

$$25 \; \oplus \; 11 = \underline{\quad\quad}$$

_____ imanes

☆ **Práctica independiente** Resuelve cada problema de la manera que prefieras. Usa dibujos o ecuaciones como ayuda. Muestra tu trabajo.

2. Hay 28 estudiantes más que adultos en la feria de la escuela. Hay 96 estudiantes en la feria. ¿Cuántos adultos hay en la feria?

_____ adultos

3. Elisa, la elefanta, tiene maníes para comer. Elisa se come 49 maníes y le quedan 31. ¿Cuántos maníes tenía al principio?

_____ maníes

4. El equipo azul marcó 16 puntos menos que el equipo verde. Si el equipo azul marcó 41 puntos, ¿cuántos puntos marcó el equipo verde?

_____ puntos

5. Razonamiento de orden superior Simón estudia 16 palabras de vocabulario menos que Julio. Julio estudia 10 palabras de vocabulario menos que Tatiana. Tatiana debe estudiar 34 palabras. ¿Cuántas palabras debe estudiar Simón? Explica tu respuesta.

_____

_____

_____

_____

Resuelve el problema de la manera que prefieras. Usa dibujos y ecuaciones como ayuda. Muestra tu trabajo.

6. **Razonar** Kevin está practicando tiros de fútbol. Hace 13 tiros durante el recreo y 14 tiros después de la escuela. Luego, antes de acostarse, practica 16 tiros. ¿Cuántos tiros practicó Kevin en total?

Puedo pensar en el significado de los números del problema.

_____ tiros

7. **Razonamiento de orden superior** Hay 48 tachuelas rojas y azules en una bolsa. Hay menos tachuelas rojas que azules. Hay por lo menos 26 tachuelas azules, pero no más de 30. ¿Cuántas tachuelas de cada color puede haber en la bolsa?

Completa la tabla para resolver el problema.

Tachuelas rojas	Tachuelas azules	Total
22	26	48
21		48
	28	48
19		48
	30	48

8. ☑ **Práctica para la evaluación** Julián tiene 14 tarjetas de béisbol menos que Sara. Sara tiene 27 tarjetas. ¿Cuántas tarjetas de béisbol tiene Julián?

Dibuja líneas para mostrar dónde podrían estar los números y el valor desconocido en la ecuación. Luego, resuélvela.

| 27 | ? | 14 |

_____ − _____ = _____

_____ tarjetas

Nombre ____________________

Lección 7-3

Más sobre resolver problemas de suma y resta

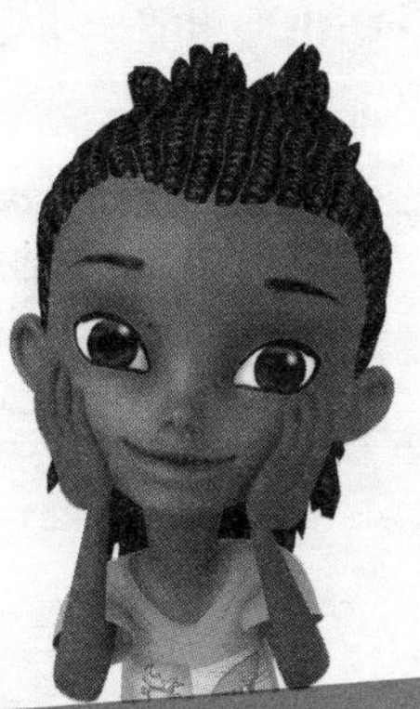

Puedo...
usar dibujos y ecuaciones para entender mejor las palabras de un problema.

También puedo entender bien los problemas.

Resuélvelo y coméntalo Erin tiene 17 libros más que Isabel. Erin tiene 44 libros. ¿Cuántos libros tiene Isabel?

Resuelve el problema de la manera que prefieras. Muestra tu trabajo.

_____ libros

Yuri tiene 18 dibujos más que Larry.
Yuri tiene 37 dibujos. ¿Cuántos dibujos tiene Larry?

Dibujos de Yuri

37

?	18

Dibujos de   18 dibujos
Larry   más

> El diagrama te ayuda a mostrar lo que conoces.

> Larry tiene 18 dibujos menos que Yuri. Puedes restar para hallar la respuesta.

$37 - 18 = ?$

Dado que $18 = 17 + 1$, puedes restar 17 y luego 1.

$37 - 17 = 20$

$20 - 1 = 19$

Por tanto, Larry tiene 19 dibujos.

> Puedes resolver problemas verbales usando modelos, dibujos o el cálculo mental.

¡Convénceme! Compara estos dos enunciados:
Sam tiene 18 marcadores más que Telmo.
Telmo tiene 18 marcadores menos que Sam.

☆ Práctica guiada ☆   Resuelve el problema de la manera que prefieras. Usa dibujos y ecuaciones como ayuda.

1. La clase de segundo grado tiene 19 estudiantes más que la de primer grado. En segundo grado hay 68 estudiantes. ¿Cuántos estudiantes hay en primer grado?

68

?	19

$68 \underset{\bigcirc}{\quad} 19 = \underline{\quad}$ _____ estudiantes

☆ **Práctica independiente** ✦ Resuelve los problemas de la manera que prefieras. Usa dibujos y ecuaciones como ayuda. Muestra tu trabajo.

2. Hay 11 adultos más que niños en la feria de manualidades. Hay 54 adultos en total. ¿Cuántos niños hay en la feria?

_____ niños

3. Brandon tiene 17 años. Su hermana tiene 12 años menos que él. ¿Cuántos años tiene la hermana de Brandon?

_____ años

4. Darío y sus amigos tenían algunos arándanos azules. Se comieron 39 y quedaron 21. ¿Cuántos arándanos azules tenían Darío y sus amigos al principio?

_____ arándanos azules

5. enVision® STEM Alex hizo una represa con 18 piedras más que Jaime. La represa de Alex tiene 42 piedras. ¿Cuántas piedras tiene la represa de Jaime? Explica tu respuesta.

_____

_____

_____

_____

6. **Razonar** Franz tiene 39 hojas verdes y algunas hojas amarillas. Tiene 78 hojas en total. ¿Cuántas hojas amarillas tiene Franz?

Puedo pensar en cómo se relacionan los números del problema.

_____ hojas amarillas

---

7. **Razonamiento de orden superior** Hay 58 bolígrafos rojos y azules en una bolsa. Hay más bolígrafos rojos que azules. Hay por lo menos 36 bolígrafos rojos, pero no más de 40. ¿Cuántos bolígrafos de cada color puede haber en la bolsa?

Completa la tabla para resolver el problema.

Bolígrafos rojos	Bolígrafos azules	Total
36	22	58
37		58
	20	58
39		58
	18	58

8. ✅ **Práctica para la evaluación** Andrés tiene 63 bolsas de frijoles más que Iván. Andrés tiene 92 bolsas. ¿Cuántas bolsas de frijoles tiene Iván?

El diagrama de barras representa el problema. ¿Cuál es el número que falta?

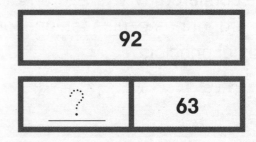

Ⓐ 19

Ⓑ 29

Ⓒ 31

Ⓓ 39

Resuélvelo y coméntalo

3 abejas se posaron sobre algunas flores. Se les unen 10 abejas más, pero luego 4 abejas se van. ¿Cuántas abejas quedan?

Resuelve el problema de la manera que prefieras. Escribe ecuaciones para mostrar cómo resolviste cada parte del problema.

Puedo...
representar y resolver problemas de dos pasos usando ecuaciones.

También puedo entender bien los problemas.

____ ___ ◯ ___ = ___   ___ ◯ ___ = ___

Aprendizaje visual · A-Z Glosario

Bob recogió 18 flores primero y 5 más después.

Si le dio 10 flores a Bruno, ¿cuántas tiene Bob ahora?

Busca la pregunta escondida que debes responder primero para luego poder resolver el problema.

La pregunta escondida es "¿Cuántas flores recogió Bob en total?".

$18 + 5 = ?$

$\underline{18} + \underline{5} = \underline{23}$

Bob recogió 23 flores. Luego, le dio 10 flores a Bruno.

$23 - 10 = ?$

$\underline{23} - \underline{10} = \underline{13}$

Ahora, Bob tiene 13 flores.

Sumé 2 unidades para formar la decena siguiente y luego sumé las 3 unidades sobrantes para hallar $18 + 5 = 23$. Luego, resté 10 de 23 y obtuve 13.

¡Convénceme! Lee el siguiente problema. ¿Cuál es la pregunta escondida que debes responder primero?

Tom compra 15 lápices y luego 7 más. Le da 10 lápices a Nyla. ¿Cuántos lápices tiene Tom ahora?

☆ **Práctica guiada** ☆

Resuelve el problema de la manera que prefieras. Muestra tu trabajo. Escribe ecuaciones para resolver las dos partes del problema.

1. Carmen encontró 14 conchas marinas el lunes y 15 más el martes. El miércoles encontró 6 más. ¿Cuántas conchas marinas tenía el miércoles?

$\underline{14} \; \bigoplus \; \underline{15} = \underline{29}$

$\underline{29} \; \bigoplus \; \underline{6} = \underline{}$

_____ conchas marinas

★ Práctica independiente ★

Resuelve los problemas de la manera que prefieras. Muestra tu trabajo. Escribe ecuaciones para resolver ambas partes del problema.

2. Hay 6 pájaros rojos y 17 color café sobre un árbol. Si llegan 8 pájaros color café más, ¿cuántos pájaros habrá en total?

_____ ◯ _____ = _____

_____ ◯ _____ = _____

_____ pájaros

3. Erika vio 16 ranas sobre los lirios de un estanque y 8 en el cieno. Si 7 ranas se alejan saltando, ¿cuántas ranas quedarán?

_____ ◯ _____ = _____

_____ ◯ _____ = _____

_____ ranas

> Piensa: ¿Cómo puedo descomponer el problema para resolverlo en pasos? ¿Cuál es el problema escondido que debo resolver primero?

4. Razonamiento de orden superior
Kevin tenía 15 fotos en su álbum de recortes y añadió 21 más. Luego de sacar algunas fotos, quedaron 28 fotos en el álbum.
¿Cuántas fotos sacó Kevin?

_____ ◯ _____ = _____

_____ ◯ _____ = _____

_____ fotos

5. **Representar** El examen tiene 35 preguntas. Karen responde 10 preguntas primero y otras 12 después. ¿Cuántas preguntas le faltan responder a Karen?

$$\_\_\_\_ \bigcirc \_\_\_\_ = \_\_\_\_$$

$$\_\_\_\_ \bigcirc \_\_\_\_ = \_\_\_\_$$

_____ preguntas más

6. **A-Z Vocabulario** Encierra en un círculo las **ecuaciones** que tienen una **suma o total**. Subraya las ecuaciones que tienen una **diferencia**.

$33 - 18 = 15$ $79 + 16 = 95$

$46 + 34 = 80$ $52 - 52 = 0$

7. **Álgebra** Halla los números que faltan.

$35 + \blacksquare = 100$ $\blacksquare = \_\_\_\_$

$100 - \blacktriangle = 18$ $\blacktriangle = \_\_\_\_$

8. **Razonamiento de orden superior** Hay 25 amigos en una fiesta. Llegan 20 más. Luego, algunos amigos se van y solo 7 se quedan en la fiesta.
¿Cuántos amigos se fueron?

Escribe dos ecuaciones para resolver el problema.

_____

_____ amigos se fueron de la fiesta.

9. **☑ Práctica para la evaluación** Fred atrapó 22 peces y devolvió 6 al agua. Luego, atrapó 8 más. ¿Cuántos peces tiene Fred ahora?

¿Qué ecuaciones se pueden usar para resolver el problema?

Ⓐ $22 + 6 = 28$ y $28 - 8 = 20$

Ⓑ $22 - 6 = 16$ y $8 - 6 = 2$

Ⓒ $22 - 6 = 16$ y $16 + 8 = 24$

Ⓓ $22 + 6 = 28$ y $28 + 8 = 36$

Nombre ____________________

Lección 7-5

Más sobre resolver problemas de dos pasos

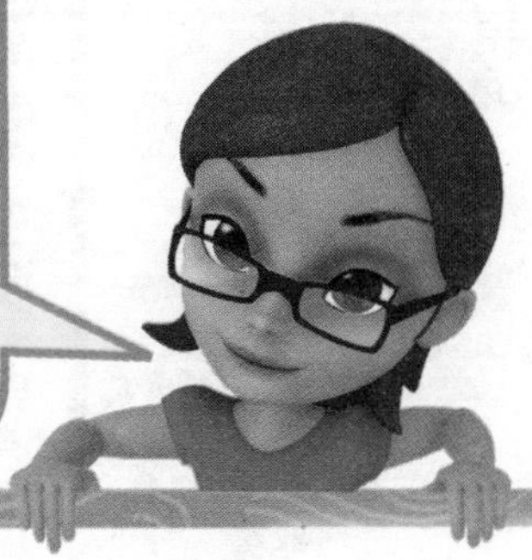

Puedo...
resolver problemas de dos pasos de diferentes maneras.

También puedo entender bien los problemas.

Resuélvelo y coméntalo Pediste prestados 26 libros de la biblioteca. Devolviste algunos, pero volviste a pedir prestados 15 libros más. Si ahora tienes 27 libros, ¿cuántos libros devolviste?

Resuelve el problema de la manera que prefieras. Muestra tu trabajo.

Mina vio 15 pájaros amarillos y 16 rojos. Algunos pájaros echaron a volar y ahora Mina solo ve 14 pájaros. ¿Cuántos echaron a volar?

Necesito resolver el primer paso del problema para poder resolver el segundo paso.

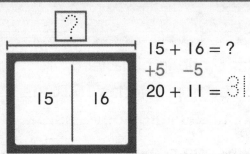

$$15 + 16 = ?$$
$$+5 \quad -5$$
$$20 + 11 = 31$$

Mina vio __31__ pájaros en total.

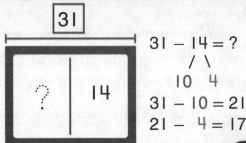

$$31 - 14 = ?$$
$$/ \ \backslash$$
$$10 \quad 4$$
$$31 - 10 = 21$$
$$21 - 4 = 17$$

Quedaron 14 pájaros después de que __17__ echaron a volar.

Los diagramas de barras me ayudan a representar las partes y el entero.

¡Convénceme! ¿Por qué debes resolver en dos pasos el problema anterior?

★Práctica guiada★ Completa las ecuaciones y resuélvelas.

1. Algunos niños y 9 niñas están pintando. Hay 17 niños y niñas en total. Luego, vinieron a pintar algunos niños más. Ahora hay 15 niños pintando. ¿Cuántos niños más vinieron a pintar?

Paso 1	**Paso 2**

_8_ (+) _9_ = _17_   _____ ◯ _____ = _____
algunos   niñas   total   algunos   niños   total
niños   de niños   niños   más   de niños
                 y niñas

_____ niños más vinieron a pintar.

Tema 7 | Lección

Nombre _____

Herramientas Evaluación

☆ Práctica independiente ☆

Resuelve los problemas de la manera que prefieras. Muestra tu trabajo.

2. Jonás tiene 16 carros de juguete. Lidia tiene 5 carros menos que Jonás. ¿Cuántos carros tienen los dos en total?

Tienen _____ carros en total.

3. Sandy tiene 12 globos. Tom tiene 11 globos más que Sandy. Algunos de los globos de Tom se reventaron y ahora solo le quedan 14 globos. ¿Cuántos se reventaron?

_____ globos se reventaron.

4. 25 lobos aúllan juntos en el bosque. Otros 14 lobos se les unen. Luego, 22 lobos se fueron. ¿Cuántos lobos se quedaron?

_____ lobos se quedaron.

5. Razonamiento de orden superior Explica cómo resolviste la pregunta 4.

_____

_____

_____

_____

6. **Entender** Tim hornea 24 pastelitos más que Gilda. Gilda hornea 13 pastelitos. Lily hornea 16 menos que Tim.

¿Cuántos pastelitos hornea Lily?

Puedo comprobar si mi trabajo y mi respuesta tienen sentido.

_____ pastelitos

7. **Razonamiento de orden superior** Escribe un cuento numérico de dos pasos con los números 36, 65 y 16. Luego, resuelve el problema. Escribe ecuaciones para mostrar cada paso.

_____

_____

_____

_____

8. ☑ **Práctica para la evaluación**
En un frasco hay 44 canicas. Algunas son rojas y 23 son azules. Julia pone 13 canicas rojas más. ¿Cuántas canicas rojas hay ahora en el frasco?

¿Qué ecuaciones muestran una manera de resolver el problema?

Ⓐ $44 - 23 = 21$
$21 + 13 = 34$

Ⓒ $23 + 21 = 44$
$44 - 13 = 31$

Ⓑ $44 - 23 = 21$
$21 - 13 = 8$

Ⓓ $23 + 44 = 67$
$67 + 13 = 80$

Nombre _____

Resuélvelo y coméntalo

¿Qué número va en el espacio en blanco para hacer verdadera esta ecuación? Muestra cómo lo averiguaste.

Puedo…
completar las ecuaciones con los números que faltan para hacerlas verdaderas.

También puedo razonar sobre las matemáticas.

$$17 - 9 = 6 + \underline{\hspace{2em}}$$

Halla el número que falta para hacer verdadera la ecuación.

$18 + 10 = 34 - ?$

"=" significa que el valor es el mismo de cada lado. Puedo hallar $18 + 10$ primero.

$18 + 10 = 28$

$28 = 34 - ?$

$18 + 10 = 28$. Por tanto, 28 es igual a 34 menos algún número.

¿Qué número puedes restar de 34 para obtener 28?

$28 = 34 - ?$

Puedo contar de uno en uno desde 28 hasta 34. Conté 6.

$28 + 2 = 30$
$30 + 4 = 34$
Por tanto, $28 = 34 - 6$.

El número que falta es 6.

$18 + 10 = 34 - 6$
$28 = 28$ ✔

Asegúrate de que ambos lados del signo igual tengan el mismo valor.

Por tanto, $18 + 10 = 34 - \underline{6}$

¡**Convénceme!** ¿Qué número debe ir en el espacio en blanco para hacer verdadera esta ecuación? Explica cómo lo sabes.

$$\underline{\qquad} - 5 = 14 - 7$$

☆ **Práctica guiada** ☆   Escribe los números que faltan para hacer que las ecuaciones sean verdaderas.

1. $15 - ? = 2 + 4$

   $15 - ? = \underline{6}$

   $15 - \underline{9} = 6$

   Por tanto,

   $15 - \underline{9} = 2 + 4$.

2. $25 + 10 = 43 - ?$

   $\underline{\qquad} = 43 - ?$

   $\underline{\qquad} = 43 - \underline{\qquad}$

   Por tanto,

   $25 + 10 = 43 - \underline{\qquad}$.

Tema 7 | Lección

☆ Práctica ☆ independiente

Escribe el número que falta para hacer verdadera cada ecuación. Muestra tu trabajo.

3. $9 + \underline{\quad} = 8 + 8$

4. $16 - 8 = 10 - \underline{\quad}$

5. $\underline{\quad} - 4 = 16 - 5$

6. $17 - 12 = 10 - \underline{\quad}$

7. $\underline{\quad} - 3 = 5 + 12$

8. $18 - \underline{\quad} = 3 + 6$

9. $27 + 20 = 17 + \underline{\quad}$

10. $56 - 20 = 30 + \underline{\quad}$

11. $45 - 10 = 40 - \underline{\quad}$

12. Álgebra Escribe el número que falta en la siguiente ecuación. Explica cómo lo sabes.

$$\underline{\quad} + 5 + 6 = 6 + 9 + 5$$

Puedo resolver el problema sin sumar.

_____

_____

13. Razonar Teresa tiene 4 margaritas y 5 rosas. Sam tiene 15 flores. ¿Cuántas flores debería regalar Sam para tener la misma cantidad de flores que Teresa?

_____ flores

14. Razonar Karen tenía $14 y gastó $6. Larry tenía algo de dinero y gastó $3. Ahora, Karen y Larry tienen la misma cantidad de dinero. ¿Cuánto dinero tenía Larry antes de gastar los $3?

$ _____

15. Razonamiento de orden superior Todd tiene la misma cantidad de frutas y verduras. Tiene 3 manzanas y 7 naranjas. Tiene 6 zanahorias y algunas cebollas. ¿Cuántas cebollas tiene Todd? Di cómo lo sabes.

_____

_____

_____

16. ☑ **Práctica para la evaluación** Une cada número con la ecuación en la que falta.

$1 + 3 = 12 - $ _____   6

_____ $ + 2 = 6 + 6$ 10

$4 + 7 = 5 + $ _____   8

_____ $ - 2 = 12 - 7$ 7

Nombre _____

Resuélvelo y coméntalo

Halla el número que falta para hacer verdadera la ecuación. Muestra tu trabajo.

$$? - 9 = 22 - 7$$

¿Cómo puedes comprobar tu trabajo? ¿Hay alguna herramienta que puedas usar? Explícalo.

Puedo...

hallar los números que faltan en las ecuaciones para hacerlas verdaderas.

También puedo razonar sobre las matemáticas.

$$\rule{3cm}{0.4pt} - 9 = 22 - 7$$

Halla el número que falta para hacer verdadera esta ecuación.

$45 + 10 + 10 = ? + 19$

Resolveré $45 + 10 + 10$ primero.

$45 + 10 = 55$
$55 + 10 = 65$

$65 = ? + 19$

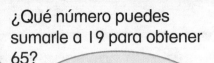

El signo igual significa "el mismo valor que". 65 tiene el mismo valor que algún número más 19.

¿Qué número puedes sumarle a 19 para obtener 65?

Puedo contar de 10 en 10 y de 1 en 1 desde 19 hasta llegar a 65.

19, 29, 39, 49, 59, 60, 61, 62, 63, 64, 65.

Conté 4 decenas y 6 unidades. Por tanto, conté 46.

El número que falta es 46.

$65 = 46 + 19$

Puedo comprobar mi trabajo.

$46 + 19$
$-1 \quad +1$
$45 + 20 = 65$

Por tanto,

$45 + 10 + 10 = \underline{46} + 19$

¡Convénceme! ¿Qué número debe ir en el espacio en blanco para hacer verdadera esta ecuación? Explica cómo lo sabes.

$33 + 10 + 7 = \underline{\qquad} + 25$

☆**Práctica guiada**☆ Escribe los números que faltan para hacer verdaderas las ecuaciones.

1. $8 + 10 + 12 = ? + 20$

$8 + 10 + 12 = \underline{30}$

$30 = \underline{10} + 20$

Por tanto,

$8 + 10 + 12 = \underline{10} + 20.$

2. $20 + 13 + 7 = 49 - ?$

$20 + 13 + 7 = \underline{\qquad}$

$40 = 49 - \underline{\qquad}$

Por tanto,

$20 + 13 + 7 = 49 - \underline{\qquad}.$

Tema 7 | Lección 7

Herramientas Evaluación

☆ Práctica ☆ independiente

Halla el número que falta para hacer verdadera cada ecuación. Muestra tu trabajo.

3. $25 + \underline{\hspace{1cm}} = 6 + 20 + 4$

4. $10 + 3 + 27 = 30 + \underline{\hspace{1cm}}$

5. $48 - \underline{\hspace{1cm}} = 12 + 12 + 4$

6. $47 - 5 = 10 + 10 + \underline{\hspace{1cm}}$

7. $32 + 14 + 18 = 50 + \underline{\hspace{1cm}}$

8. $43 + 10 + 20 = 95 - \underline{\hspace{1cm}}$

9. $28 + 30 = 17 + 13 + \underline{\hspace{1cm}}$

10. $56 - 20 = 18 + 12 + \underline{\hspace{1cm}}$

11. $21 + 5 + 19 = 65 - \underline{\hspace{1cm}}$

12. Álgebra Escribe el número que falta en la siguiente ecuación. Explica cómo lo sabes.

$$\underline{\hspace{1cm}} + 25 + 18 = 18 + 20 + 25$$

Puedo resolver el problema sin sumar.

_____

_____

13. **Razonar** Gemma tenía algunas fichas de juego y luego ganó 8 más. Ana tenía 32 fichas de juego y perdió 4. Ambas tienen ahora la misma cantidad de fichas. ¿Cuántas fichas tenía Gemma al principio?

_____ fichas

14. **Razonar** Jill y Tim tienen la misma cantidad de carros de juguete. Tim tiene 10 carros rojos y 20 carros azules. Jill tiene 8 carros rojos, 15 carros azules y algunos carros amarillos. ¿Cuántos carros amarillos tiene Jill?

_____ carros amarillos

15. **Razonamiento de orden superior** Kate juega a las cartas con dos amigos. Kate reparte 5 cartas a cada jugador. ¿Diez más qué número es igual a la cantidad total de cartas que Kate reparte?

Escribe una ecuación para mostrar y resolver el problema.

16. ☑ **Práctica para la evaluación** Une cada número con la ecuación en la que falta.

$8 + 17 + 5 = 49 -$ _____   32

_____ $+ 12 = 6 + 6 + 20$ 19

$8 + 20 + 12 =$ _____ $+ 8$ 20

_____ $+ 15 = 17 + 10 + 10$ 22

Nombre _____

Resuélvelo y coméntalo Escribe un cuento numérico cuya respuesta sea 20.

Luego, escribe una ecuación para representar tu cuento.

Puedo...
razonar para escribir y resolver cuentos numéricos.

También puedo sumar y restar para resolver problemas.

Mi ecuación:

Hábitos de razonamiento

¿Cómo se relacionan los números en el problema?

¿Cómo puedo usar un problema verbal para mostrar el significado de la ecuación?

Escribe un cuento numérico para 68 − 33. Luego, escribe una ecuación que represente tu cuento.

¿Cómo puedo mostrar lo que significan los números y los signos?

Pienso en qué significan 68, 33 y el signo − en el problema. Puedo usar eso para escribir un cuento.

Los cuentos sobre resta pueden ser sobre separar o sobre comparar. Este cuento es sobre separar.

Henry se encuentra 68 bellotas. Le da 33 bellotas a Jazmín. ¿Cuántas bellotas le quedaron a Henry?

$68 − 33 = ?$

Debes restar para responder a la pregunta del problema.

$68 - 33 = 35$
Por tanto, a Henry le quedaron 35 bellotas.

$68 − 33 = ?$
$−3 \quad −3$
$65 − 30 = 35$

¡Convénceme! Escribe un cuento numérico sobre comparar para $68 − 33 = ?$.

☆ **Práctica guiada** ☆

Completa el cuento numérico. Luego, completa la ecuación que representa el cuento. Haz un dibujo como ayuda si es necesario.

1. $47 − 18 = $ _____

Percy reúne __47__ latas.

Recicla __18__ latas.

¿Cuántas latas tiene Percy ahora?

_____ latas

Copyright © Savvas Learning Company LLC. All Rights Reserved.
Tema 7 | Lección 8

✫ Práctica independiente

Escribe un cuento numérico para mostrar el problema. Completa la ecuación para representar tu cuento.

2. 22 − 17 = _____

_____

_____

_____

_____

_____

3. 84 − 62 = _____

_____

_____

_____

_____

_____

4. 28 + 12 = _____

_____

_____

_____

_____

_____

5. 39 + 47 = _____

_____

_____

_____

_____

_____

Resolución de problemas

Colección de carros de juguete
La ilustración de la derecha muestra
una colección de carros de juguete.
Usa la ilustración para escribir y
resolver problemas de cuentos
numéricos.

6. **Razonar** Escribe un cuento sobre suma
acerca de la colección de carros de juguete.

_____

_____

_____

_____

7. **Razonar** Escribe un cuento sobre resta y sobre
comparar acerca de la colección.

_____

_____

_____

_____

8. **Representar** Escribe una
ecuación para cada cuento
numérico que escribiste en las
preguntas 6 y 7. Resuélvelos
de la manera que prefieras.
Muestra tu trabajo.

Nombre _____

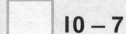

Trabaja con un compañero. Señala una pista y léela.

Mira la tabla de la parte de abajo de la página y busca la pareja de esa pista. Escribe la letra de la pista en la casilla al lado de su pareja.

Halla una pareja para cada pista.

Puedo...
sumar y restar hasta 20.

También puedo construir argumentos matemáticos.

Pistas

A Es igual a 5 + 4.

B Es igual a 8 + 7.

C Es igual a 20 – 10.

D Es igual a 12 – 7.

E Es igual a 9 + 3.

F Es igual a 13 – 9.

G Es igual a 11 – 8.

H Es igual a 7 + 6.

I Es igual a 2 + 4.

J Es igual a 5 + 6.

K Es igual a 14 – 7.

L Es igual a 10 + 6.

	10 – 7		19 – 9		8 + 8		12 – 8
	18 – 9		13 – 8		13 – 7		8 + 3
	4 + 9		15 – 8		9 + 6		6 + 6

Repaso del vocabulario

A-Z
Glosario

Lista de palabras

- diagrama de barras
- diferencia
- ecuación
- números compatibles
- reagrupar
- recta numérica vacía
- suma o total

Comprender el vocabulario

Escribe V para *verdadero* y F para *falso*.

1. _____ Una ecuación es un modelo que puedes usar para resolver un problema.

2. _____ 43 es la diferencia en la ecuación $43 - 16 = 27$.

3. _____ La suma y la resta se pueden mostrar usando un diagrama de barras.

4. _____ Una ecuación es un modelo que puedes usar para representar un problema.

5. _____ La suma o total es la respuesta a un problema de resta.

Traza una línea para unir cada término con su ejemplo.

6. reagrupar

7. suma o total

La respuesta a $18 + 45$

8. recta numérica vacía

15 unidades = 1 decena y 5 unidades

Usar el vocabulario al escribir

9. Explica cómo contarías hacia adelante para hallar $58 + 23$. Usa por lo menos un término de la Lista de palabras.

Nombre _____

Grupo A

Puedes representar problemas.

Una tienda tenía algunos anillos y vendió 34 de ellos. Ahora tiene 47 anillos. ¿Cuántos anillos tenía la tienda al principio?

$? - 34 = 47$

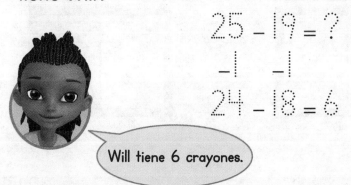

Puedes pensar en la suma.

$34 + 47 = ?$

$34 + 47 = 81$ anillos

Escribe una ecuación con un ? para representar el valor desconocido en el problema. Luego, resuélvelo usando el diagrama de barras.

1. Una tienda tenía 52 envases de jugo. Luego de vender algunos, aún quedan en la tienda 35 envases de jugo. ¿Cuántos envases se vendieron?

Ecuación: _____

_____ envases de jugo

Grupo B

Will tiene 19 crayones menos que Kari. Kari tiene 25 crayones. ¿Cuántos crayones tiene Will?

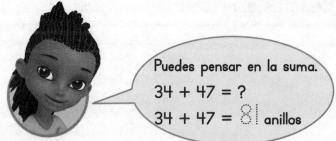

$25 - 19 = ?$

$-1 \quad -1$

$24 - 18 = 6$

Will tiene 6 crayones.

Resuelve el problema de la manera que prefieras. Muestra tu trabajo.

2. Un estuche de construcción tiene 26 bloques verdes menos que bloques azules. El estuche tiene 44 bloques verdes. ¿Cuántos bloques azules hay?

_____ bloques azules

Trini tiene 29 carros de juguete más que Roni. Si Trini tiene 72 carros, ¿cuántos carros tiene Roni?

Esto significa que Roni tiene 29 carros menos que Trini. Resta para resolver. Roni tiene 43 carros.

$72 - 29 = ?$

$+1 \quad +1$

$73 - 30 = 43$

43 carros

Resuelve el problema de la manera que prefieras. Muestra tu trabajo.

3. Un juego tiene 19 tarjetas rojas más que tarjetas azules. Si el juego tiene 43 tarjetas rojas, ¿cuántas tarjetas azules hay?

_____ tarjetas azules

Grupo D

Lucy compró 28 duraznos y le dio 12 a Ted. Después, compró 15 más. ¿Cuántos duraznos tiene Lucy ahora?

28

12 | ?

?

16 | 15

$28 - 12 = 16$

$16 + 15 = 31$

31 duraznos

Usa los diagramas de barras para resolver ambos pasos.

4. Celso anotó 27 puntos. Después, anotó otros 33 puntos. Al rato, perdió 14 puntos. ¿Cuántos puntos tiene Celso ahora?

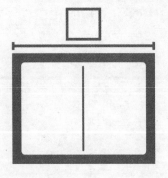

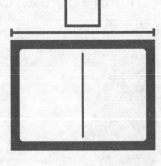

$27 + 33 =$ _____

_____ $-$ _____ $=$ _____

_____ puntos

Grupo E

Jess tenía 16 huevos blancos y 13 huevos de color café. Rompió algunos huevos y le quedaron 18 huevos para vender.
¿Cuántos huevos rompió?

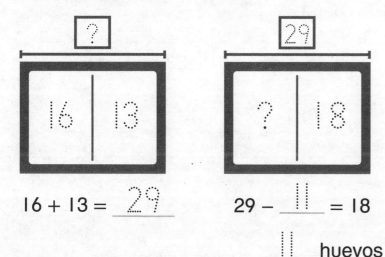

$16 + 13 =$ _29_ $29 -$ _11_ $= 18$

_11_ huevos

Resuelve el problema de la manera que prefieras. Muestra tu trabajo.

5. Hay 36 frambuesas y 24 arándanos azules en la ensalada de frutas. Ben se come algunos. Ahora quedan 45 bayas.
¿Cuántas bayas se comió Ben?

_____ bayas

Grupo F

Escribe el número que falta para hacer verdadera la ecuación.

$14 + 6 =$ _____ $+ 12$

Ambos lados son iguales.

$14 + 6 = 20$

Por tanto, $20 =$ _8_ $+ 12$.

El número que falta es 8.

Halla los números que faltan para hacer verdaderas las ecuaciones.

6. $4 + 8 = 19 -$ ____

7. ____ $+ 7 = 12 + 2$

8. $15 +$ ____ $= 10 + 8$

9. ____ $- 6 = 9 + 5$

10. $8 + 5 =$ ____ $- 3$

Halla el número que falta para hacer verdadera la ecuación.

$7 + 8 + \underline{\qquad} = 30 - 5$

Primero, puedes hallar el valor del lado al que no le falta ningún número.

$$30 - 5 = 25$$

Ambos lados son iguales. Por tanto,

$7 + 8 + \underline{\qquad} = 25$

$15 + \underline{10} = 25$

$7 + 8 + \underline{10} = 30 - 5.$

El número que falta es 10.

Halla y escribe el número que falta para hacer verdaderas las ecuaciones.

11. $13 + 7 + \underline{\qquad} = 27 + 8$

12. $10 + 8 + 12 = 33 - \underline{\qquad}$

13. $\underline{\qquad} + 15 + 15 = 10 + 32$

14. $4 + 13 + 10 = \underline{\qquad} - 13$

Hábitos de razonamiento

Razonar

¿Cómo están relacionados los números en el problema?

¿Cómo puedo usar un problema verbal para mostrar qué significa la ecuación?

Escribe un cuento numérico para el problema. Completa la ecuación para representar el cuento.

15. $28 + 35 = \underline{\qquad}$

_____

_____

_____

_____

Nombre _____

1. Judith tenía 28 manzanas. Compró algunas más y ahora tiene 43 manzanas.
¿Cuántas manzanas compró Judith?

Usa el diagrama de barras como ayuda para escribir una ecuación.
Luego, usa la recta numérica vacía para resolverla.

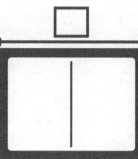

_____ ◯ _____ = _____

_____ manzanas

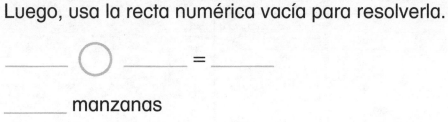

2. Alina dibujó 18 estrellas más que Perla. Alina dibujó 37 estrellas.
¿Cuántas estrellas dibujó Perla?

A. ¿Puedes usar la ecuación para resolver el problema? Escoge Sí o No.

37 − 18 = ?   ◯ Sí ◯ No

18 + 37 = ?   ◯ Sí ◯ No

18 + ? = 37   ◯ Sí ◯ No

? + 18 = 37   ◯ Sí ◯ No

B. ¿Cuántas estrellas dibujó Perla? _____ estrellas

3. Emily tiene 17 cintas menos que Pepita. Pepita tiene 48 cintas.
¿Cuántas cintas tiene Emily?

Resuelve el problema de la manera que prefieras. Muestra tu trabajo.

_____ cintas

---

4. Escribe un cuento numérico para $72 - 36 = ?$.
Luego, resuelve el problema del cuento.

$72 - 36 =$ _____

5. Linda necesita 99 abrigos para los niños necesitados. Consigue 54 abrigos de su escuela y 22 de sus amigos. ¿Cuántos abrigos más necesita Linda?

Escribe ecuaciones para resolver el problema. Luego, escribe la respuesta.

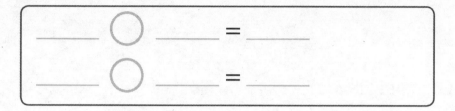

Linda necesita _____ abrigos más.

---

6. Chela tiene 27 tarjetas más que Tom. Chela tiene 62 tarjetas. ¿Cuántas tarjetas tiene Tom?

Explica cómo vas a resolver el problema. Luego, resuélvelo.

Tom tiene _____ tarjetas.

7. Grace reúne latas para reciclar. La tabla muestra la cantidad de latas que reunió.

Cantidad de latas	
Jueves	12
Viernes	29
Sábado	37

A. ¿Cuántas latas menos que el sábado reunió Grace el jueves?

_____ latas menos

B. Grace reúne algunas latas más el domingo. Ahora tiene 90 latas.

Halla el número que falta en la ecuación para hallar cuántas latas reunió Grace el domingo.

$12 + 29 + 37 +$ _____ $= 90$

---

8. Halla el número que falta para hacer que cada ecuación sea verdadera.

$18 - 10 = 9 -$ _____

$35 + 30 = 45 +$ _____

9. Halla el número que falta para hacer que cada ecuación sea verdadera.

$24 +$ _____ $= 7 + 15 + 8$

$46 - 5 = 10 + 10 +$ _____

Feria de la escuela

Hay una feria escolar en la escuela Morris. La tabla muestra la cantidad de boletos que vendió la clase de la señorita Durán.

Cantidad de boletos vendidos	
Lunes	42
Martes	17
Miércoles	21

1. ¿Cuántos boletos menos que el miércoles vendió la clase el lunes?

   Completa el diagrama de barras para representar el problema. Luego, resuélvelo.

   _____ boletos menos

2. La señorita Durán dice que si venden 95 boletos, tendrán una fiesta.

Parte A

Escribe una ecuación para mostrar cuántos boletos vendió la clase.

Resuelve la ecuación. Muestra tu trabajo.

Vendieron _____ boletos.

Parte B

¿Cuántos boletos más debe vender la clase para tener la fiesta? Explícalo.

_____ boletos

3. La tabla muestra la cantidad de boletos que vendió la clase del señor Ríos.

¿Cuántos boletos más que el miércoles vendió la clase los días lunes y martes?

Cantidad de boletos vendidos	
Lunes	24
Martes	18
Miércoles	28

Escribe dos ecuaciones para resolver las dos partes del problema.

_____ _____ = _____

_____ _____ = _____

_____ boletos más

Puedes usar o hacer alguno de estos modelos.

Modelos
bloques de valor de posición
diagramas de barras
dibujos
ecuaciones
matrices
rectas numéricas vacías

4. Parte A

Escribe un cuento numérico que trate de la venta de boletos para una feria escolar. Usa números que puedas sumar o restar.

_____

_____

_____

Parte B

Escribe una ecuación para representar tu cuento. Luego, resuélvelo de la manera que prefieras. Muestra tu trabajo.

Trabajar con la hora y el dinero

Pregunta esencial: ¿Cómo se resuelven los problemas sobre contar dinero o decir la hora a los 5 minutos más cercanos?

Recursos digitales

Libro del estudiante · Aprendizaje visual · Práctica

Evaluación · Herramientas · Glosario

¡Se usan diferentes materiales para fabricar dinero!

¿Cómo describirías los diferentes tipos de dinero?

¡Qué interesante! Hagamos este proyecto y aprendamos más.

Proyecto de :enVision® STEM: Asuntos de dinero

Investigar Busca ejemplos de diferentes tipos de monedas y billetes de dólar. Sepáralos por tamaño, color o por el atributo de si es posible doblarlos o no.

Diario: Hacer un libro Incluye lo que averiguaste. En tu libro, también:

• comenta en qué se parecen y en qué se diferencian los diferentes tipos de monedas.

• muestra todas las maneras posibles de formar 25¢.

Nombre _____

 Repasa lo que sabes

---

A-Z Vocabulario

1. Dibuja las manecillas para mostrar las 8 **en punto**.

2. Encierra en un círculo cuántos minutos hay en una **hora**.

   30 minutos

   50 minutos

   60 minutos

3. Escribe la hora a la **media hora**.

_____

Suma de dobles

4. Escribe las sumas.

   $7 + 7 =$ _____

   $9 + 9 =$ _____

   $10 + 10 =$ _____

Las sumas de dobles son divertidas.

Matriz

5. Calcula mentalmente. ¿Cuántos cuadrados hay en la matriz?

_____ cuadrados

Cuento de matemáticas

6. Hay algunas monedas de 1¢ dentro de un vaso. Sam saca 22 monedas. Ahora hay 14 monedas en el vaso. ¿Cuántas monedas de 1¢ había en el vaso al principio?

_____ monedas de 1¢

Tema 8

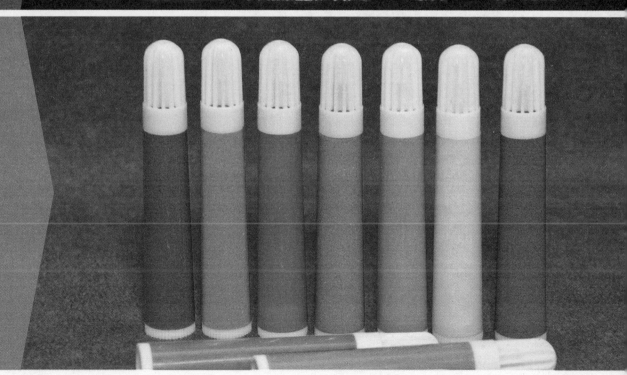

North Concourse Departures					
Time	Train	Line	Destination	Track	Status
1:35P	MILW-N		GRAYSLAKE	N5	BOARDING
1:40P	MILW-W		BIG TIMBER	N11	ON TIME
2:30P	MILW-W		BIG TIMBER	N15	ON TIME
2:35P	MILW-N		FOX LAKE	N9	ON TIME
3:35P	MILW-W		BIG TIMBER	N9	ON TIME
3:40P	MILW-N		FOX LAKE	N5	ON TIME
4:10P	MILW-W		FRANKLIN PARK	N9	ON TIME
4:16P	MILW-N		DEERFIELD	N5	ON TIME
4:25P	MILW-W		BIG TIMBER	N11	ON TIME
4:30P	N CENTRAL		ANTIOCH	N15	ON TIME
4:34P	MILW-W		FRANKLIN PARK	N13	ON TIME

PROYECTO 8A

¿Qué muestra un horario de trenes?

Proyecto: Haz un cartel de un horario de trenes

PROYECTO 8B

¿Cuánto cuestan las cosas?

Proyecto: Crea un anuncio

¿Tienes el mismo horario todos los días?

Proyecto: Escribe un diario

¿Qué venderías si tuvieras tu propia tienda?

Proyecto: Planea abrir una tienda

Resuélvelo y coméntalo

Kelly tenía 10 centavos en su alcancía. Luego, se encontró 5 centavos más y los guardó con los demás. Después, su mamá le dio otros 20 centavos y los guardó en la alcancía.

¿Cuántos centavos tiene Kelly ahora en su alcancía?

_____ centavos

moneda de 10¢

 **moneda de 25¢**

 **moneda de 5¢**

 **moneda de 50¢**

 **moneda de 1¢**

Mica tiene las monedas que se muestran. ¿Cuántos centavos tiene Mica? Empieza con la moneda de **mayor valor**. Sigue contando hasta la moneda de **menor valor** para hallar el valor total.

Mica tiene 91 centavos, ¢.

50¢   75¢   85¢   90¢   91¢

¡**Convénceme!** ¿Cuántas monedas de 25¢ tienen el mismo valor que medio dólar?

¿Cuántas monedas de 10¢ tienen el mismo valor que medio dólar?

¿Cuántos centavos tendría Mica si no tuviera el medio dólar?

☆ **Práctica guiada** ☆   Cuenta hacia adelante para hallar el total.

1. Li tiene estas monedas. ¿Cuántos centavos tiene Li?

     →

10¢   20¢   ___   ___   ___

Total

2. Manny tiene estas monedas. ¿Cuántos centavos tiene Manny?

    →

Total

Tema 8 | Lección

Herramientas Evaluación

☆ **Práctica independiente** ☆

Cuenta hacia adelante para hallar el valor total de estas monedas.

Puedes contar de 5 en 5 para hallar el valor de las monedas de 5¢.

3. Danny tiene estas monedas. ¿Cuántos centavos tiene Danny?

    →

Total

_____ _____ _____ _____

4. Tim tiene estas monedas. ¿Cuántos centavos tiene Tim?

    →

Total

5. Manny tiene estas monedas. ¿Cuántos centavos tiene Manny?

      →

Total

_____ _____ _____ _____ _____

6. Álgebra Lany tenía 92¢ esta mañana, pero perdió una de las monedas. Escribe el nombre de la moneda que perdió Lany.

     → 92¢

Total

7. **Explicar** Tere tiene dos monedas de 25¢, una moneda de 10¢ y una de 5¢. ¿Cuántos centavos tiene Tere? Muestra cómo hallaste tu respuesta.

8. **Razonamiento de orden superior** Escribe un cuento que trate acerca de las monedas que podrías usar para comprar una naranja de 60¢.

9. ☑ **Práctica para la evaluación** Lucas tiene estas monedas.

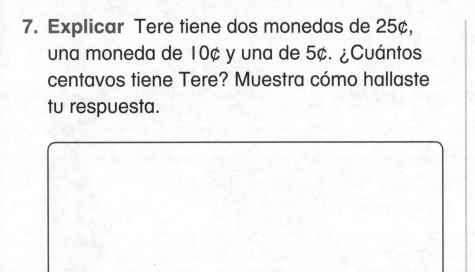

Está buscando un regalo para su hermano. Si tuviera una moneda de 5¢ más, ¿qué regalo podría comprar con el dinero exacto?

Ⓐ   Ⓑ   Ⓒ   Ⓓ

10. ☑ **Práctica para la evaluación** Jaime tiene 31¢. ¿Qué opción muestra 31¢? Escoge todas las que apliquen.

Tema 8 | Lección

Nombre _____

Resuélvelo y coméntalo

Gabriela tiene 40 centavos. Le da 24 centavos a Barry. ¿Qué monedas podría tener Gabriela al empezar? ¿Cuántos centavos tiene Gabriela ahora? Explícalo.

Puedo ...
resolver problemas con monedas.

También puedo representar con modelos matemáticos.

Toby compra un dinosaurio de juguete por 68¢. Paga con 3 monedas de 25¢. ¿Cuánto cambio debería recibir Toby?

68¢

Primero, averigua con cuánto dinero paga Toby.

25¢   50¢   75¢

Toby paga 75¢.

Luego, resta el precio del dinosaurio de juguete de la cantidad con que paga Toby.

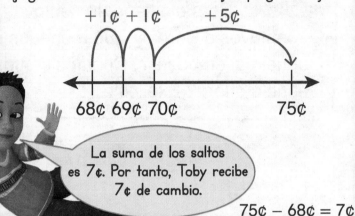

+1¢ +1¢   +5¢

68¢ 69¢ 70¢   75¢

La suma de los saltos es 7¢. Por tanto, Toby recibe 7¢ de cambio.

$$75¢ - 68¢ = 7¢$$

¡Convénceme! ¿Por qué restar 75¢ – 68¢ es como restar 75 – 68? Explícalo.

 **Práctica guiada** Resuelve los problemas. Muestra tu trabajo.

1. Dora tenía un poco de dinero en el bolsillo. Fue al centro comercial y gastó 3 monedas de 10¢. Ahora, Dora tiene 34¢. ¿Cuánto dinero tenía en el bolsillo antes de ir al centro comercial?

   $\underline{?}$ ¢ – $\underline{30}$ ¢ = $\underline{34}$ ¢

   $\underline{30}$ ¢ + $\underline{34}$ ¢ = $\underline{64}$ ¢

   $\underline{64}$ ¢

2. Peter tiene 58¢. Su hermano le dio 2 monedas de 5¢ y 3 monedas de 1¢. ¿Cuánto dinero tiene Peter ahora?

   _____ ¢

Tema 8 | Lección

Práctica independiente

Resuelve los problemas. Muestra tu trabajo.

3. Marco compra una manzana por 42¢. Paga con 4 monedas de 10¢ y 1 moneda de 5¢. ¿Cuánto cambio debe recibir Marco?

_____

4. Tere compra un anillo. Paga con 9 monedas de 10¢. De cambio recibe 8 monedas de 1¢. ¿Cuánto cuesta el anilllo?

_____

5. ¿Cuántas monedas de 10¢ tienen el mismo valor que 2 monedas de 25¢?

_____ monedas de 10¢

¿Y que medio dólar? _____ monedas de 10¢

¿Y que un dólar? _____ monedas de 10¢

6. ¿Cuántas monedas de 1¢ tienen el mismo valor que

una moneda de 5¢? _____ monedas de 1¢

una moneda de 10¢? _____ monedas de 1¢

una moneda de 25¢? _____ monedas de 1¢

un dólar? _____ monedas de 1¢

7. Sentido numérico ¿Qué 5 monedas tienen un valor total de una moneda de 25¢? Dibuja las monedas. Rotúlalas con su valor.

8. **enVision® STEM** La clase de ciencias de Goyo quiere agrupar estas monedas por color. ¿Cuál es el valor total de las monedas plateadas?

_____ ¢

9. **Representar** Rodrigo compra un plátano por 43¢ y una naranja por 37¢. Dibuja la menor cantidad posible de monedas para mostrar cómo podría pagar Rodrigo las frutas.

10. **Razonamiento de orden superior** Elsa tiene 4 monedas de 10¢ y 15 monedas de 1¢. María tiene 3 monedas de 25¢. Elsa dice que ella tiene más dinero, porque tiene más monedas. ¿Tiene razón Elsa? Explícalo.

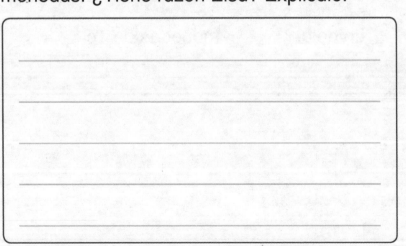

11. ☑ **Práctica para la evaluación** Lidia compra un carro de juguete por 59¢. Paga con 6 monedas de 10¢. ¿Qué opción muestra cuánto cambio debe recibir Lidia?

Ⓐ   Ⓒ

Ⓑ   Ⓓ

   Tema 8 | Lección

Nombre ____________________

Resuélvelo y coméntalo ¿Cuál es una manera de mostrar 100¢ con monedas? Usa monedas para representarlo. Dibuja y rotula las monedas que uses.

Lección 8-3
Resolver problemas con billetes

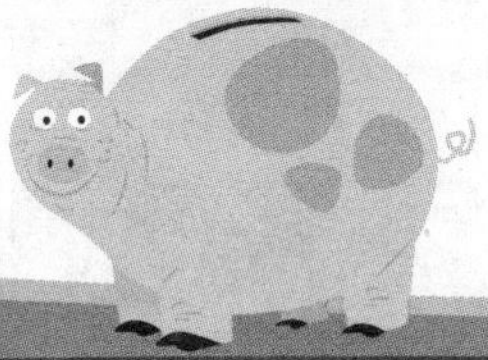

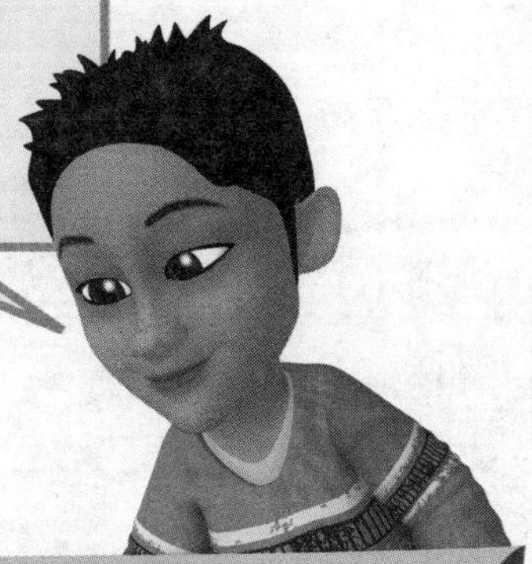

Puedo ...
resolver problemas sobre dinero.

También puedo razonar sobre las matemáticas.

100¢

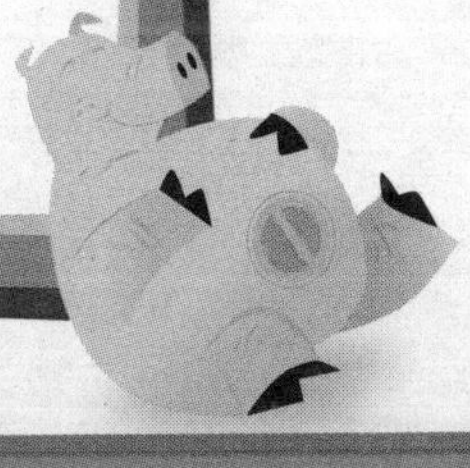

Esto es 1 **dólar**.
El **símbolo de dólar** es $.

billete de $1
$1 = 100¢

Estos son otros **billetes de dólar**.

billete de $5

billete de $10

billete de $20

billete de $100

María tenía estos billetes de dólar. ¿Cuál es su valor total?

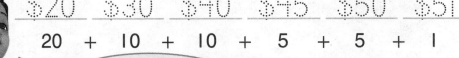

| $20 | $30 | $40 | $45 | $50 | $51 |

| 20 | + | 10 | + | 10 | + | 5 | + | 5 | + | 1 |

Cuenta hacia adelante desde el billete mayor al menor. María tenía $51.

¡Convénceme! ¿En qué se parecen el contar billetes de dólar y el contar monedas? ¿En qué se diferencian?

Práctica guiada
Resuelve los problemas.

1. El señor Paz tiene estos billetes de dólar. Cuenta hacia adelante para hallar el valor total.

2. El señor Lenz tiene estos billetes de dólar. Cuenta hacia adelante para hallar el valor total.

Recuerda que debes contar del billete mayor al billete menor.

☆ **Práctica independiente** ☆   Resuelve los problemas.

3. El señor Ríos tiene estos billetes de dólar.
Cuenta hacia adelante para hallar el valor total.

_____

4. El señor Núñez tiene estos billetes de dólar.
Cuenta hacia adelante para hallar el valor total.

_____

5. El señor Arias tiene estos billetes de dólar.
Cuenta hacia adelante para hallar el valor total.

_____

6. El señor Valdez tiene estos billetes de dólar.
Cuenta hacia adelante para hallar el valor total.

_____

7. **Sentido numérico** El señor Milla tiene $26 en su
billetera. ¿Cuál es la menor cantidad de billetes que
podría tener? Dibuja los billetes.

_____ billetes

8. Representar Diana compra un par de zapatos en oferta por $28. Dibuja los billetes de dólar que podría usar para pagar los zapatos.

9. La señora Barrios tiene dos billetes de $10 y tres de $5 en su bolso. ¿Tiene suficiente dinero para comprar un vestido de $33? Explícalo.

10. Razonamiento de orden superior Roger compra un bate de béisbol que cuesta $27. Paga al cajero con dos billetes de $20. ¿Qué billetes podría recibir de cambio?

11. ☑ **Práctica para la evaluación** Los siguientes billetes de dólar muestran el costo total de los boletos para un partido de fútbol.

¿Cuánto cuestan los boletos?

$5	$31	$40	$41
Ⓐ	Ⓑ	Ⓒ	Ⓓ

Tema 8 | Lección

Nombre _____

Resuélvelo y coméntalo

Billy, Sarah y María tienen la misma cantidad de dinero. Billy tiene 1 billete de $1. Sarah tiene solo monedas de 10¢. María tiene solo monedas de 5¢.

¿Cuántas monedas de 10¢ tiene Sarah?
¿Cuántas monedas de 5¢ tiene María?

Explica cómo hallaste las respuestas.

Puedo...
resolver problemas sobre dinero.

También puedo entender bien los problemas.

$1 es igual a 100¢.

Sarah tiene _____ monedas de 10¢.

María tiene _____ monedas de 5¢.

Tammy tiene un billete de $100. Compra el juego y el perro de juguete. ¿Cuánto dinero le queda?

$25

$21

Primero, suma el costo del juego y del perro de juguete.

Juego: $25
Perro de juguete: + $21
_____
Decenas: $40
Unidades: $6
_____
Suma: $46

El juego y el perro de juguete cuestan $46 en total.

Luego, suma para restar de $100 el costo total del juego y del perro de juguete.

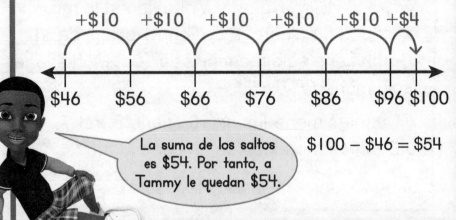

+$10 +$10 +$10 +$10 +$10 +$4

$46 $56 $66 $76 $86 $96 $100

La suma de los saltos es $54. Por tanto, a Tammy le quedan $54.

$100 − $46 = $54

¡Convénceme! Para resolver el problema anterior, Tina resta $100 − $25 y, luego, resta $21 de esa diferencia. ¿Crees que obtuvo la misma respuesta que Tammy? Explícalo.

☆Práctica guiada☆

Resuelve los problemas. Muestra tu trabajo.

1. Sam tenía algo de dinero en su billetera. Gastó $12 en la feria y ahora tiene $5. ¿Cuánto dinero tenía antes de ir a la feria?

$ _?_ − $ _12_ = $ _5_

$ _12_ + $ _5_ = $ _17_

$ _17_

2. Norma tiene $7. Su abuela le da un billete de $10 y uno de $5. ¿Cuánto dinero tiene Norma ahora?

$ _____

Tema 8 | Lección 4

Herramientas Evaluación

☆ Práctica independiente

Resuelve los problemas. Muestra tu trabajo.

3. Cindy compra un envase de leche por 38¢. Paga con 2 monedas de 25¢. ¿Cuánto cambio debe recibir Cindy?

_____

4. Roberto compra un guante de béisbol. Lo paga con un billete de $100 y recibe $29 de cambio. ¿Cuánto cuesta el guante de béisbol?

_____

5. Lorena tiene billetes por un valor total de $50. Dibuja los billetes que podría tener Lorena.

6. ¿Cuántos billetes de $1 tienen el mismo valor que

un billete de $5? _____ billetes de $1

un billete de $10? _____ billetes de $1

un billete de $20? _____ billetes de $1

un billete de $100? _____ billetes de $1

7. Razonamiento de orden superior Jeff compra un libro que cuesta $34. Lo paga con un billete de $100. Dibuja los billetes que podría recibir Jeff de cambio.

8. **Entender** Lily tiene dos billetes de $10, tres billetes de $5 y uno de $1. Si le da $11 a Gaby, ¿cuánto dinero le queda a Lily?

9. **Entender** Isaac quiere comprar una mochila por $20. Tiene dos billetes de $5 y nueve billetes de $1. ¿Cuánto dinero más necesita Isaac para comprar la mochila?

¿Cuánto es dos billetes de $10?

$_____

$_____

10. **Razonamiento de orden superior** Eric tiene dos billetes de $10, dos de $5 y tres de $1. El señor Peña tiene un billete de $100. Eric dice que él tiene más dinero, porque tiene siete billetes y el señor Peña tiene solo uno. ¿Tiene razón Eric? Explícalo.

11. ☑ **Práctica para la evaluación** Olivia tiene un billete de $20, tres de $5 y nueve de $1. ¿Cuánto dinero más necesita Olivia para comprar un abrigo de $49? Explícalo.

¿Qué billetes puedes usar para mostrar cuánto dinero necesita Olivia?

Nombre _____

Resuélvelo y coméntalo Supón que quieres comprar un lápiz que cuesta 35¢. ¿De cuántas maneras puedes usar monedas de 5¢, de 10¢ o de 25¢ para formar 35¢? Muestra cada manera. Di cómo sabes qué monedas usar.

Puedo...
razonar sobre los valores de las monedas y hallar diferentes maneras de formar el mismo valor total.

También puedo contar y sumar los valores de las monedas.

Hábitos de razonamiento

¿Qué significan los números, los signos y los símbolos en el problema?

¿Cómo se relacionan los valores de las monedas con el total?

Tengo algunas monedas de 25¢, de 10¢ y de 5¢. Quiero comprar un plátano.

25¢

¿De cuántas maneras puedo formar 25¢?

¿Cómo podría razonar sobre las diferentes maneras de formar un total?

Una tabla puede mostrar las monedas. Puedo usar **marcas de conteo** para anotar la cantidad de monedas.

Maneras de mostrar 25¢			
Moneda de 25¢	Moneda de 10¢	Moneda de 5¢	Total
I			25¢
	II	I	25¢

$$25¢ = 25¢$$
$$10¢ + 10¢ + 5¢ = 25¢$$

Con marcas de conteo es fácil mostrar las diferentes maneras.

Maneras de mostrar 25¢			
Moneda de 25¢	Moneda de 10¢	Moneda de 5¢	Total
I			25¢
	II	I	25¢
	I	III	25¢
		IIII	25¢

Puedo escribir una ecuación para mostrar y comprobar cada manera.

Puedo formar 25¢ de 4 maneras.

¡Convénceme! Usa la tabla anterior. Escribe ecuaciones para mostrar las maneras de formar 25¢ usando monedas de 10¢ y de 5¢.

✩ Práctica guiada ✩   Razona para completar la tabla.

1. Tony quiere comprar un lápiz.

 55¢

Tiene monedas de 50¢, de 25¢ y de 5¢. Halla todas las maneras en que puede formar 55¢.

¿Cómo se relacionan las marcas de conteo con los valores del dinero?

Moneda de 50¢	Moneda de 25¢	Moneda de 5¢	Total
I		I	55¢

Tema 8 | Lección 5

☆ Práctica independiente

Razona para completar las tablas.

2. Susi necesita $1 para comprar un libro. Tiene monedas de 5¢, de 10¢, de 25¢ y de 50¢. Halla 3 maneras en que Susi puede formar $1.

Moneda de 50¢	Moneda de 25¢	Moneda de 10¢	Moneda de 5¢	Total
	II	IIII	II	$1
II				
		IIII		

3. Raúl quiere comprar un marcapáginas de 14¢. Tiene monedas de 10¢, de 5¢ y de 1¢. Halla todas las maneras en que puede formar 14¢.

Moneda de 10¢	Moneda de 5¢	Moneda de 1¢	Total
	II	IIII	14¢

Puedes escribir ecuaciones para comprobar tu trabajo.

Sentido numérico ¿Cuál es la menor cantidad posible de monedas que puedes usar para formar cada cantidad? Puedes usar las tablas anteriores como ayuda.

4. $1

Cantidad de monedas: _____

Monedas que usaría:

_____

5. 14¢

Cantidad de monedas: _____

Monedas que usaría:

_____

6. Escribe una ecuación para mostrar el valor total de 2 monedas de 5¢ y 4 de 1¢.

_____

Resolución de problemas

Dinero para la feria

Dan quiere usar estas monedas para jugar tantos juegos como pueda en la feria.

Cada juego cuesta 40¢.

¿Cómo puede gastar Dan las monedas que se muestran a la derecha?

7. **Representar** Escoge algunas de las monedas. Muestra una manera en que Dan puede gastar 40¢. Escribe una ecuación.

_____

_____

8. **Entender** Usaste algunas de las monedas para una de las maneras. ¿Cómo sabrás qué monedas quedan para gastar?

_____

_____

9. **Razonar** Muestra cómo puede gastar Dan las monedas en los juegos. Usa marcas de conteo en la tabla.

¿Qué moneda sobra?

Moneda de 25¢	Moneda de 10¢	Moneda de 5¢	Moneda de 1¢	Total

Nombre _____

Resuélvelo y coméntalo ¿Qué es algo que haces para lo que tardas 15 minutos? ¿Qué es algo que puedes hacer en menos de 15 minutos?

Puedo...
decir la hora de cinco en cinco minutos.

También puedo usar herramientas matemáticas correctamente.

Aprendizaje visual   (A-Z) Glosario

Ambos relojes marcan las 8:05.

minutero

8:05

El minutero tarda 5 minutos en moverse de un número al siguiente.

Para decir la hora de cinco en cinco minutos, empiezo a las 8:00 y cuento de cinco en cinco. Ambos relojes marcan las 8:35.

8:35

Puedo empezar a las 8:00 y contar de cinco en cinco para decir la hora.

Hay 60 minutos en 1 hora.

manecilla de la hora

9:00

Los minutos vuelven a empezar cada hora.

¡Convénceme! Son las 9:35. ¿Dónde está la manecilla de la hora?

¿Dónde está el minutero?

 **Práctica guiada** Completa los relojes para que ambos muestren la misma hora.

1.

6:45

2.

3:25

3.

:

4.

5:40

☆ Práctica ☆ independiente

Completa los relojes para que ambos muestren la misma hora.

5.

6.

7.

8.

9.

10.

---

11. Sentido numérico Completa el patrón.

---

12. Razonar Uno de los relojes está un poco atrasado. El otro está un poco adelantado. Estima la hora correcta.

_____

13. Sentido numérico Mira la hora en el primer reloj.
¿Qué hora será en 5 minutos?
Escribe esa hora en el segundo reloj.

14. Razonamiento de orden superior Dibuja un reloj que muestre tu hora del día favorita. Explica por qué es tu hora favorita.

_____

_____

15. ✅ **Práctica para la evaluación** ¿Qué hora muestra el reloj?

Ⓐ 1:05

Ⓑ 2:10

Ⓒ 2:01

Ⓓ 2:05

Decir la hora antes y después de la hora en punto

Resuélvelo y coméntalo Estos dos relojes muestran la misma hora. ¿De cuántas maneras puedes decir esta hora? Escribe cada manera.

Puedo...
decir la hora de diferentes maneras.

También puedo hacer mi trabajo con precisión.

Mira las horas. Cuenta de cinco en cinco para decir la hora. ¿De qué otras maneras se pueden decir las mismas horas?

1:15

15 minutos después de la 1, la 1 **y cuarto**

1:30

30 minutos después de la 1, la 1 **y media**

1:50

50 minutos después de la 1

Después de la media hora, por lo general se leen los minutos que faltan para la siguiente hora.

3:30

30 minutos antes de las 4

3:45

15 minutos antes de las 4, un **cuarto para** las 4

3:50

10 minutos antes de las 4

¡Convénceme! Escribe dos maneras de decir 5:30.

☆ **Práctica guiada** ☆

Completa los relojes para que ambos muestren la misma hora. Luego, encierra en un círculo otra manera de decir esa hora.

1.

las 2 y media

30 minutos antes de las 2

2.

un cuarto para las 7

las 6 y cuarto

Tema 8 | Lección 7

Herramientas Evaluación

✶ Práctica ✶
independiente
✿

Completa los relojes para que ambos muestren la misma hora.
Luego, escribe la hora antes o después de esa hora.

3.

_____ minutos antes
de las 5

4.

_____ y cuarto

5.

25 minutos después
de las _____

Razonamiento de orden superior Observa los relojes para resolver los problemas.

6. ¿Qué hora será en 30 minutos? Escribe
esa hora de dos maneras diferentes.

_____

7. ¿Qué hora será en 50 minutos? Escribe
esa hora de dos maneras diferentes.

_____

8. (A-Z) **Vocabulario** Miguel se reunirá con un amigo a las 4 **y media**.
Completa ambos relojes para que muestren esa hora.

9. Generalizar Un tren sale de la estación a las 6:55. ¿De qué otras dos maneras puedes decir esta hora?

_____

_____

10. Razonamiento de orden superior Dibuja un reloj que marque las 11:45.
Luego, escribe dos maneras de decir esa hora.

_____

11. ☑ **Práctica para la evaluación** Jaime llega a casa a las 6:00. Empieza a hacer la tarea a las 6 y cuarto. ¿A qué hora empieza Jaime a hacer la tarea?

Ⓐ

Ⓒ

Ⓑ

Ⓓ

Nombre _____

¿Qué es algo que haces por la mañana? ¿Y por la noche? ¿Cuáles son algunas cosas que haces por la mañana y por la noche? Escribe o dibuja tus respuestas.

Puedo...

decir la hora y razonar para hablar de un evento que sucede en *a. m.* o *p. m.*

También puedo razonar sobre las matemáticas.

Mañana	Noche

Mañana y noche

Puedes usar **a. m.** y **p. m.** al decir la hora.

Uso *a. m.* para hablar de la mañana. Me despierto a las 8 *a. m.*

Uso *p. m.* para hablar de la tarde o la noche. Me acuesto a las 8 *p. m.*

Desayuno a las

8:20

(a. m.)   p. m.

Almuerzo en la escuela a las

11:45

(a. m.)   p. m.

Ceno con mi familia a las

6:30

a. m.   (p. m.)

¡Convénceme! ¿Qué podrías estar haciendo a las 6:15 *a. m.*? ¿A las 6:15 *p. m.*?

☆ **Práctica guiada** ☆

Completa los relojes para que ambos muestren la misma hora. Luego, encierra en un círculo *a. m.* o *p. m.* para decir cuándo harías cada actividad.

1. Tomar el autobús para la escuela

8:45

(a. m.)   p. m.

2. Hacer la tarea

4:30

a. m.   p. m.

Herramientas Evaluación

Completa los relojes para que ambos muestren la misma hora. Luego, encierra en un círculo *a. m.* o *p. m.* para indicar cuándo harías cada actividad.

---

3. Tomar el autobús de la escuela a casa

a. m.   *p. m.*

4. Pasear al perro antes del desayuno

a. m.   *p. m.*

5. Leer un libro antes de dormir

a. m.   *p. m.*

---

6. Tomar clases de natación el sábado por la mañana

 10:15

a. m.   *p. m.*

7. Ver una película el viernes por la noche

 7:20

a. m.   *p. m.*

8. Ir a una fiesta el sábado por la tarde

 2:00

a. m.   *p. m.*

---

9. Razonamiento de orden superior Lali y María tienen clases de danza a la hora que indica el reloj.

Escribe esa hora de dos maneras diferentes. ¿Es en *a. m.* o *p. m.*? Explícalo.

_____

10. Hacerlo con precisión Dibuja manecillas en el reloj para mostrar la hora en que comienzan las clases en tu escuela. Luego, escribe la hora. Incluye *a. m.* o *p. m.*

Hora: _____

11. enVision® STEM El mejor momento para contemplar las estrellas es en una noche despejada y sin luna.

Gloria salió a mirar las estrellas a las 9:00. ¿Fue a las 9:00 *a. m.* o a las 9:00 *p. m.*? Explícalo.

_____

_____

12. Razonamiento de orden superior Paola empieza a hacer su tarea a las 4:15. Termina su tarea 45 minutos más tarde. Dibuja las manecillas de los relojes para mostrar ambas horas. Escribe esas horas en los relojes digitales.

Encierra en un círculo *a. m.* o *p. m.* para indicar cuándo hace su tarea Paola.

a. m.   *p. m.*

13. ✓ Práctica para la evaluación Encierra en un círculo *a. m.* o *p. m.* para indicar cuándo harías cada actividad.

Cepillarte los dientes antes de acostarte   *a. m.*   *p. m.*   Pasear al perro antes de cenar   *a. m.*   *p. m.*

Ir a la práctica de fútbol después de la escuela   *a. m.*   *p. m.*   Mirar la salida del sol   *a. m.*   *p. m.*

Empar**é**jalo

Nombre _____

Trabaja con un compañero. Señala una pista y léela.

Mira la tabla en la parte de abajo de la página y busca la pareja de esa pista. Escribe la letra de la pista en la casilla al lado de su pareja.

Halla una pareja para cada pista.

TEMA 8

Actividad de práctica de fluidez

Puedo... sumar y restar hasta 20.

También puedo construir argumentos matemáticos.

Pistas

A Es igual a 12 – 5.

B Es igual a 9 + 2.

C Es igual a 12 – 10.

D Es igual a 8 + 9.

E Es igual a 3 + 3.

F Es igual a 15 – 7.

G Es igual a 8 + 6.

H Es igual a 12 – 8.

I Es igual a 17 – 8.

J Es igual a 6 + 9.

K Es igual a 8 – 5.

L Es igual a 9 + 9.

8 – 0	10 + 8	10 + 5	9 + 8
10 – 6	4 + 7	7 – 4	3 + 4
8 – 6	9 + 5	14 – 8	12 – 3

Repaso del vocabulario

Lista de palabras

- *a. m.*
- billetes de dólar
- centavos (¢)
- dólar
- marca de conteo
- mayor valor
- menor valor
- moneda de 1¢
- moneda de 5¢
- moneda de 10¢
- moneda de 25¢
- moneda de 50¢
- *p. m.*
- símbolo de dólar
- un cuarto para
- y cuarto
- y media

Comprender el vocabulario

1. Encierra en un círculo el nombre de la moneda con el *mayor valor*.

   moneda de 25¢   moneda de 5¢
   moneda de 10¢

2. Encierra en un círculo el nombre de la moneda con el *menor valor*.

   moneda de 50¢   moneda de 1¢
   moneda de 25¢

3. Tacha la hora que **NO** es 5 y cuarto o un cuarto para las 5.

   4:45   5:15   5:25

4. Tacha la hora que **NO** es 8 y media u 8 y cuarto.

   8:30   8:45   8:15

¿Cuándo ocurre cada evento? Escribe la hora en que sería posible. Usa *a. m.* o *p. m.*

5. termina la escuela

6. desayuno

7. salida del sol

Usar el vocabulario al escribir

8. Explica cómo puedes mostrar maneras de formar 1 dólar (100¢) con monedas. Usa términos de la Lista de palabras. Da ejemplos.

Nombre _____

Grupo A

Cuando cuentes monedas, empieza por la moneda de mayor valor.

Randi tiene las siguientes monedas. Cuenta hacia adelante para hallar el valor total.

moneda de 25¢	moneda de 10¢	moneda de 5¢
25¢	35¢	40¢

Randi tiene __40¢__.

Otro ejemplo

Diana tiene las siguientes monedas. ¿Cuánto dinero tiene Diana?

25¢ 50¢ 60¢ 70¢

Diana tiene __70¢__.

Resuelve los problemas. Cuenta hacia adelante para hallar el valor total.

1. Hay estas monedas dentro de un frasco. ¿Cuántos centavos hay?

Dibuja las monedas en orden.

Cuenta hacia adelante. ___ ___ ___

Hay ___ en el frasco.

2. Las siguientes monedas están en una caja. ¿Cuánto dinero hay en la caja?

Hay ___ en la caja.

Los billetes de dólar son dinero en papel y pueden tener diferentes valores en dólares.

billete de $1
$1 = 100¢

billete de $5

billete de $10

billete de $20

billete de $100

Mateo tiene $56. Dos de sus billetes son de $20. ¿Qué otros billetes podría tener Mateo? Puedes contar hacia adelante hasta llegar a $56.

$20, $40, $50, $55, $56
  +$10   +$5   +$1

Los otros billetes que podría tener Mateo son un billete de $10, un billete de $5 y un billete de $1.

Resuelve los problemas.

3. El señor Park tiene estos billetes de dólar. Cuenta hacia adelante para hallar el valor total.

Recuerda que debes contar del billete de mayor valor al de menor valor.

_____

4. Un libro de recetas cuesta $36. La señora Ibarra tiene un billete de $10 y un billete de $5. ¿Cuánto dinero más necesita para comprar el libro?

$ _____

 Tema 8 | Refuerzo

Grupo C

Hábitos de razonamiento

Razonar

¿Qué significan los números, los signos y los símbolos en el problema?

¿Cómo se relacionan los valores de las monedas con el total?

Refuerzo

(continuación)

Razona para completar la tabla.

5. Nicki tiene monedas de 10¢, de 5¢ y de 1¢. Halla las maneras en que puede formar 11¢. Anota una marca de conteo por cada moneda que uses.

Moneda de 10¢	Moneda de 5¢	Moneda de 1¢	Total
l		l	11¢

¿Hallaste todas las maneras posibles?

Grupo D

El minutero tarda 5 minutos en moverse de un número al siguiente. Cuenta hacia adelante de cinco en cinco.

Lee la hora.
Escribe la misma hora en el reloj digital.

6.

Puedes decir la cantidad de minutos antes o después de la hora en punto.

5:10

10 minutos antes de las 5

(10 minutos después de las 5)

(10 minutos antes de las 5)

10 minutos después de las 5

Encierra en un círculo la hora que marcan los relojes.

7.

5 minutos antes de las 3

5 minutos después de las 3

8.

10:15

15 minutos antes de las 10

15 minutos después de las 10

De medianoche al mediodía, usa *a. m.*
Del mediodía a medianoche, usa *p. m.*

Pasear al perro antes de acostarme

a. m. (p. m.)

Comer un refrigerio en la mañana

(a. m.) p. m.

Encierra en un círculo *a. m.* o *p. m.* para indicar cuándo harías esa actividad.

9. Recreo de la tarde

a. m. p. m.

10. Alimentar a los peces después de desayunar

a. m. p. m.

1. Gabo tiene estas monedas. ¿Cuánto dinero tiene? Si gasta una moneda de 25¢ y una de 1¢, ¿cuánto dinero tendrá?

Cuenta hacia adelante para hallar el valor total.

Gabo tiene _____ centavos. Tendrá

_____ centavos.

2. Elena tiene 4 monedas con valor de 46¢. Tiene una de 25¢, una de 10¢ y una de 1¢. ¿Cuál es su cuarta moneda?

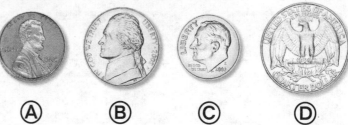

Ⓐ   Ⓑ   Ⓒ   Ⓓ

3. Ale tiene 36¢. ¿Qué monedas podría tener?

4. Jorge tiene monedas de 25¢, de 10¢ y de 5¢. Muestra todas las maneras en que puede formar 25¢. Usa marcas de conteo.

Encierra en un círculo la manera con la menor cantidad de monedas.

Maneras de mostrar 25¢			
Moneda de 25¢	Moneda de 10¢	Moneda de 5¢	Total

5. El señor Solís tiene los billetes de dólar que se muestran. ¿Cuántos dólares tiene el señor Solís? Si gasta $16 en el desayuno y no recibe cambio, ¿qué billetes podría haber usado para pagarlo?

6. A. Clara tiene dos billetes de $20, dos billetes de $5 y tres de $1. Terrance tiene un billete de $100. ¿Cuánto dinero más tiene Terrance? Explícalo.

B. ¿Qué billetes puedes usar para mostrar cuánto dinero más tiene Terrance?

7. Caty ahorró $30.

Muestra tres maneras de formar $30. Usa marcas de conteo en la tabla de la derecha.

Encierra en un círculo la manera con la menor cantidad de billetes.

Maneras de mostrar $30			
Billete de $20	Billete de $10	Billete de $5	Total

Tema 8 | Práctica para la evaluació

8. Sandy se despierta por la mañana a la hora que marca el reloj.

¿A qué hora se despierta Sandy?

Ⓐ 5:10 *a. m.*   Ⓒ 5:10 *p. m.*

Ⓑ 6:10 *a. m.*   Ⓓ 6:10 *p. m.*

9. El partido de béisbol de Sara empieza a la hora que marca este reloj.

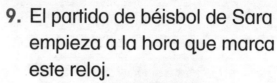

¿Es esta la hora en que empieza el partido? Escoge Sí o No.

45 minutos después de las 4	○ Sí	○ No
15 minutos antes de las 5	○ Sí	○ No
un cuarto para las 4	○ Sí	○ No
un cuarto para las 5	○ Sí	○ No

10. El reloj marca la hora en que Rosa llega a la escuela. ¿A qué hora llega Rosa a la escuela? Escoge todas las que apliquen.

☐ 7 y media

☐ 8 y cuarto

☐ 30 minutos después de las 8

☐ 8 y media

☐ 15 minutos para las 9

11. El primer reloj marca la hora en que sale el sol. Escribe la misma hora en el segundo reloj. Luego, encierra en un círculo *a. m.* o *p. m.*

a. m.   *p. m.*

12. Observa la hora en el primer reloj.
Escribe esa hora en el segundo reloj.

13. Encierra en un círculo *a. m.* o *p. m.* para indicar cuándo harías cada actividad.

Ver la puesta del sol a las 7:40.   *a. m.*   *p. m.*

Tomar una clase de música
después de la escuela.   *a. m.*   *p. m.*

Cepillarte los dientes antes
de la escuela.   *a. m.*   *p. m.*

Desayunar a las 6:45.   *a. m.*   *p. m.*

14. Traza una línea para emparejar cada reloj de la primera fila con el reloj que marca la misma hora en la segunda fila.

4:30   5:15   4:45   5:30

La juguetería

La familia de Terry tiene una juguetería.
Estas son algunas de las cosas que venden.

1. Laura compró los crayones con 6 monedas.
Ken compró los crayones con 7 monedas.
Dibuja las monedas que usó cada uno.

Las 6 monedas de Laura	Las 7 monedas de Ken

2. Kim va a la juguetería con estas monedas.

Parte A

¿Cuál es el valor total de las monedas que tiene Kim? Explica cómo lo sabes.

_____

_____

_____

Parte B

¿Cuánto dinero más necesita Kim para comprar el libro? Explícalo.

3. El papá de Pepe compra en la juguetería un tren que cuesta $50.

Parte A

Muestra cinco maneras en que podría haber pagado los $50. Usa marcas de conteo para completar la tabla.

Maneras de mostrar $50			
Billete de $20	Billete de $10	Billete de $5	Total
			$50
			$50
			$50
			$50
			$50

Parte B

¿En cuál de las maneras se usa la menor cantidad de billetes para formar $50? Explícalo.

4. Ted camina hasta la juguetería por la tarde.

Parte A

Empieza a caminar a la hora que marca el reloj digital. Dibuja las manecillas en el segundo reloj para mostrar la misma hora.

¿La hora que marcan los relojes anteriores es a las 3:35 *a. m.* o a las 3:35 *p. m.*? Explica cómo lo sabes.

Parte B

Escribe la hora de los relojes anteriores de dos maneras diferentes.

Glosario

A

a. m.

La hora del reloj desde la medianoche hasta el mediodía.

altura

Cuánto mide un objeto de abajo a arriba.

ancho

La distancia de un lado a otro de un objeto.

ángulo

La figura formada por dos semirrectas que tienen el mismo extremo.

ángulo recto

Un ángulo que forma una esquina cuadrada.

antes

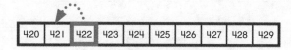

421 viene antes de 422.

arista

Línea que se forma donde se unen dos caras de un sólido.

 arista

B

billetes de dólar

Dinero de papel que puede tener diferentes valores en dólares, como $1, $5, $10, $20 o $100.

C

Empieza en 23. Cuenta hacia adelante 2 decenas. 33, 43.

cálculo mental

El cálculo que haces en tu mente.

$$23 + 20 = 43$$

cara

La superficie plana de un sólido que no rueda.

cara

---

casi dobles

Operaciones de suma que tienen dos sumandos cercanos.

$$4 + 5 = 9$$

sumando sumando

---

centavos

El valor de una moneda se mide en centavos (¢).

1 centavo (¢) 10 centavos (¢)

---

centena

10 decenas forman una centena.

---

centímetro (cm)

Una unidad métrica de longitud que es parte de 1 metro.

---

centímetro más cercano

El centímetro que se encuentra más próximo a la medida.

aproximadamente 2 cm de longitud

marca de la mitad

---

columna

Objetos en una matriz o datos en una tabla que se muestran de arriba a abajo.

columna

1	2	3	4	5
11	12	13	14	15
21	22	23	24	25
31	32	33	34	35

---

comparar

Cuando comparas números, averiguas si un número es mayor que, menor que o igual a otro número.

$$147 \, > \, 143$$

147 es mayor que 143.

---

compensación

Una estrategia de cálculo mental que puedes usar al sumar o restar.

$$38 + 24 = ?$$
$$+2 \quad -2$$

Sumas 2 y 38 para formar 40. Luego, restas 2 de 24 para formar 22. 40 + 22 = 62. Por tanto, 38 + 24 = 62.

cuadrilátero

Un polígono que tiene
4 lados.

(un) cuarto para la(s)

15 minutos antes de la hora.

Falta un cuarto para las 4.

---

cuartos

Cuando un entero
está dividido en
4 partes iguales,
las partes se llaman cuartos.

---

cubo

Un sólido con seis
caras que son
cuadrados iguales.

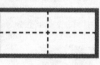

datos

Información que reúnes y que se
puede mostrar en una tabla o en
una gráfica.

Fruta favorita	
Manzana	7
Durazno	4
Naranja	5

---

decenas

El dígito que muestra cuántos
grupos de diez hay en un
número.

238

---

descomponer

Puedes descomponer un
número de acuerdo al valor de
posición de sus partes.

$$27 \quad + \quad 35 \quad = \quad ?$$

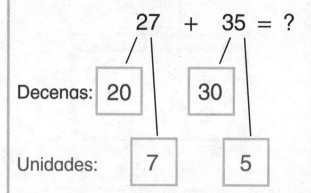

Decenas: 20   30

Unidades: 7   5

---

desigual

Las partes desiguales
son partes que no
son iguales.

5 partes desiguales

---

después

424 viene después de 423.

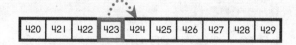

| 420 | 421 | 422 | 423 | 424 | 425 | 426 | 427 | 428 | 429 |

diagrama de barras

Un modelo para sumar y restar que muestra las partes y el todo.

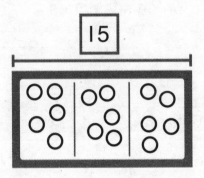

diagrama de puntos

Un diagrama de puntos usa puntos o X en una recta numérica para mostrar datos.

Longitudes de las conchas marinas

Cantidad de pulgadas

diferencia

La respuesta en una ecuación o un problema de resta.

$$14 - 6 = 8$$

diferencia

diferencia parcial

Cuando restas, puedes restar cantidades que, sumadas, sean iguales al número que estás restando.
Las diferencias que resulten se llaman diferencias parciales.

$$
\begin{array}{r}
72 \\
-20 \\
\hline
52 \\
-\ 2 \\
\hline
50 \\
-\ 2 \\
\hline
48
\end{array}
$$

Por ejemplo, al resolver 72 − 24, 52 y 50 son diferencias parciales.

dígitos

 43

Los números están formados por 1 o más dígitos. 43 tiene 2 dígitos.

disminuir

Tener menor valor.

$$600 \longrightarrow 550$$

600 disminuido en 50 es 550.

dobles

Operaciones de suma que tienen dos sumandos iguales.

$$4 + 4 = 8$$

sumando   sumando

dólar

Un dólar es igual a 100¢.

E

ecuación

Una oración numérica que usa el signo igual (=) para mostrar que el valor de la izquierda es igual al valor de la derecha.

$$3 + ? = 7$$

$$14 - 6 = 8$$

entero

Un objeto o todo que se puede dividir en partes.

Las dos mitades forman un círculo entero.

estimar

Cuando haces una estimación, haces una buena suposición.

$38 + 41$ es aproximadamente 80.

Esta mesa mide aproximadamente 3 pies de longitud.

familia de operaciones

Un grupo de operaciones relacionadas de suma y resta.

$$2 + 4 = 6$$
$$4 + 2 = 6$$
$$6 - 2 = 4$$
$$6 - 4 = 2$$

figura plana

Una figura que no tiene volumen.

círculo rectángulo cuadrado triángulo

fila

Objetos en una matriz o datos en una tabla que se muestran de lado a lado.

1	2	3	4	5
11	12	13	14	15	← fila
21	22	23	24	25
31	32	33	34	35

forma desarrollada

Una manera de escribir un número que muestra el valor de posición de cada dígito.

$$400 + 60 + 3 = 463$$

forma estándar

Una manera de escribir un número usando solo dígitos.

436

fracción

Un número, como $\frac{1}{2}$ o $\frac{3}{4}$, que nombra una parte de un entero o una parte de un conjunto.

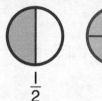

$\frac{1}{2}$ $\frac{3}{4}$

gráfica de barras

Una gráfica de barras usa barras para mostrar datos.

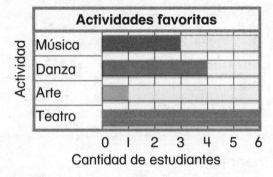

Actividades favoritas

Actividad

| Música |
| Danza |
| Arte |
| Teatro |

0 1 2 3 4 5 6
Cantidad de estudiantes

hexágono

Un polígono que tiene 6 lados.

hora

Una hora es igual a 60 minutos.

---

igual a (=)

Que tiene el mismo valor.

$$36 = 36$$

36 es igual a 36.

impar

Un número que **NO** se puede mostrar como dos grupos iguales de cubos.

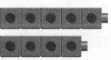

9 es impar.

incrementar

Tener mayor valor.

$$550 \longrightarrow 600$$

550 incrementado en 50 es 600.

---

lado

Un segmento de recta que es una parte de una figura plana.

lado

longitud

La distancia de un extremo de un objeto al otro.

marca de conteo

Un símbolo que se usa para llevar la cuenta de toda la información en una lista organizada.

Maneras de mostrar 30¢			
Moneda de 25¢	Moneda de 10¢	Moneda de 5¢	Total
I		I	30¢
	III		30¢
	II	II	30¢
	I	IIII	30¢
		JHI I	30¢

matriz

Un grupo de objetos colocados en filas y columnas que forman un rectángulo.

mayor, el/la

En un grupo de números, el número que tiene el mayor valor.

35 47 58 (61)

mayor →

mayor que (>)

Que tiene más valor.

5 > 1

5 es mayor que 1.

mayor valor

La moneda que tiene el mayor valor es la que vale más.

La moneda de 25¢ tiene el mayor valor.

menor, el/la

En un grupo de números, el número que tiene el menor valor.

(35) 47 58 61

menor

menor que (<)

Que tiene menos valor.

2 < 6

2 es menor que 6.

menor valor

La moneda que tiene el menor valor es la que vale menos.

La moneda de 10¢ tiene el menor valor.

metro (m)

Una unidad métrica de longitud igual a 100 centímetros.

Un paso largo mide aproximadamente un metro.

millar

10 centenas forman un millar.

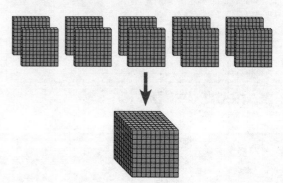

minuto

Una unidad estándar de tiempo.

Hay 60 minutos en 1 hora.

mitades

Cuando un entero está dividido en 2 partes iguales, las partes se llaman mitades.

moneda de 1¢

1 centavo o 1¢

moneda de 5¢

5 centavos o 5¢

moneda de 10¢

10 centavos o 10¢

moneda de 25¢

25 centavos o 25¢

moneda de 50¢

50 centavos o 50¢

monedas

Dinero hecho con metal y que puede tener diferentes valores.

1¢   5¢   10¢   25¢   50¢

N

número en palabras

Una manera de escribir un número usando solo palabras.

El número en palabras para 23 es veintitrés.

números compatibles

Números que son fáciles de sumar o restar usando el cálculo mental.

$$8 + 2$$
$$20 + 7$$
$$53 - 10$$

O

ordenar

Organizar números de menor a mayor o de mayor a menor.

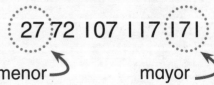

27 72 107 117 171

menor   mayor

p. m.

La hora del reloj desde el mediodía hasta la medianoche.

par

Un número que se puede mostrar como dos grupos iguales de cubos.

8 es par.

parte

Una porción de un entero (o todo) o de un número.

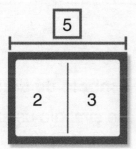

2 y 3 son partes de 5.

partes iguales

Partes de un entero (o todo) que tienen el mismo tamaño.

Las 4 partes son iguales.

pentágono

Un polígono que tiene 5 lados.

pictografía

Una gráfica que usa dibujos para mostrar datos.

Juegos de pelota favoritos	
Béisbol	🧍🧍
Fútbol	🧍🧍🧍🧍🧍🧍🧍
Tenis	🧍🧍🧍🧍

Cada 🧍 = 1 estudiante.

pie

Una unidad estándar de longitud igual a 12 pulgadas.

polígono

Una figura plana cerrada con 3 o más lados.

pulgada (pulg./pulgs.)

Una unidad estándar de longitud que es parte de 1 pie.

pulgada más cercana

La pulgada que se encuentra más próxima a la medida.

aproximadamente 2 pulgadas de longitud

marca de la mitad

R

reagrupar

Nombrar un número o una parte de una manera diferente.

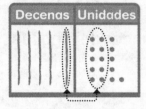

Se pueden reagrupar 10 unidades como 1 decena. Se puede reagrupar 1 decena como 10 unidades.

recta numérica

Una recta que muestra números en orden de izquierda a derecha.

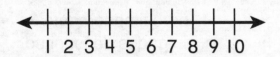

recta numérica vacía

Una herramienta que puede ayudarte a sumar o restar. Puede empezar en cualquier número.

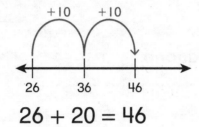

$$26 + 20 = 46$$

relacionado

Las operaciones de suma y resta están relacionadas si tienen los mismos números.

$$2 + 3 = 5$$
$$5 - 2 = 3$$

restar

Cuando restas, hallas cuántos quedan o qué grupo tiene más.

$$5 - 3 = 2$$

S

símbolo

Un dibujo o un signo que representa algo.

El símbolo será 🧍. Cada 🧍 representa 1 estudiante.

símbolo de dólar

Un símbolo usado para mostrar que un número representa dinero.

$37
↑
símbolo de dólar

sólido

Una figura que tiene longitud, ancho y altura.

Todos estos son sólidos.

suma (o total)

La respuesta a una ecuación o un problema de suma.

$$3 + 4 = \boxed{7}$$

$$\begin{array}{r} 4 \\ + 3 \\ \hline \boxed{7} \end{array}$$

suma o total →

suma parcial

Cuando al sumar los números se suma solo uno de los valores de posición a la vez, se llama suma parcial.

Decenas	Unidades	
5	7	
+ 2	8	
7	0	← suma parcial
+ 1	5	← suma parcial
8	5	← suma o total

sumando

Cada uno de los números que sumas.

$$2 + 5 = 7$$
↑ ↑
sumandos

sumar

Cuando sumas, unes grupos.

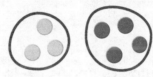

$$3 + 4 = 7$$

T

tabla de valor de posición

Una tabla en la cual cada dígito de un número corresponde a su valor.

Centenas	Decenas	Unidades
3	4	8

tercios

Cuando un entero (o todo) está dividido en tres partes iguales, las partes se llaman tercios.

U

unidad

Puedes usar diferentes unidades para medir objetos.

aproximadamente 12 pulgadas
aproximadamente 1 pie

unidades

Dígitos que muestran cuántas unidades hay en un número.

$$54 + 14 = 68$$
↑ ↑ ↑

V

valor desconocido (incógnita)

Un número que falta en una ecuación y que se puede representar con un signo de interrogación.

$$34 + ? = 67$$

↑
valor desconocido

vértice

Punto donde se unen 2 lados de un polígono o donde se unen aristas de un sólido.

vértice

Y

y cuarto

15 minutos después de la hora.

Son las 4 y cuarto.

y media

30 minutos después de la hora.

Son las 9 y media.

yarda (yd)

Una unidad estándar de longitud igual a 3 pies.

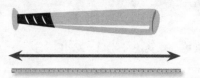

Un bate de béisbol mide aproximadamente una yarda.

enVision Matemáticas

Fotografías

Every effort has been made to secure permission and provide appropriate credit for photographic material. The publisher deeply regrets any omission and pledges to correct errors called to its attention in subsequent editions.

Unless otherwise acknowledged, all photographs are the property of Savvas Learning Company LLC.

Photo locators denoted as follows: Top (T), Center (C), Bottom (B), Left (L), Right (R), Background (Bkgd)

1 (TL) Africa Studio/Fotolia, (TC) Africa Studio/Fotolia, (TR) karandaev/Fotolia, (BL) Lori Martin/Shutterstock; (BR) An Nguyen/Shutterstock, **3** (T) 123RF, (C) Sean Pavone/Shutterstock, (B) Trinet Uzun/Shutterstock; **4** (Bkgrd) Russo Photography/Shutterstock, (T) Sergey Sarychev/Shutterstock, (C) Lesinka372/Shutterstock, (B) Corinna Huter/Shutterstock, 123RF; **57** (TL) Shadowmac/Shutterstock, (TR) Rose Thompson/Shutterstock, (BL) Tory Kallman/Shutterstock, (BR) Jo Crebbin/Shutterstock; **59** (T) Steve Byland/Shutterstock, (B) Islavicek/Shutterstock; **60** (T) Smileus/Shutterstock, (B) 123RF; **89** (L) FiCo74/Fotolia; (R) Antonio Scarpi/Fotolia, **91** (T) Pisaphotography/Shutterstock, (C) Aviation Images/Alamy Stock Photo, (B) Lazyllama/Shutterstock; **92** (Bkgrd) 123RF, S_Rouse/Shutterstock; **133** Beboy/Shutterstock; **135** (T) Echo/Juice Images/Getty Images, (B) Peter Leahy/Shutterstock; **136** (T) Universal Images Group North America LLC/Alamy Stock Photo, (B) Charles O. Cecil/Alamy Stock Photo; **185** Deborah Benbrook/Fotolia; **187** (T) Cturtletrax/iStock/Getty Images, (C) Inxti/Shutterstock, (B) Horizon International Images Limited/Alamy Stock Photo; **188** (Bkgrd) Evgeny Atamanenko/Shutterstock, (T) Nisakorn Neera/Shutterstock, (B) Thomas M Perkins/Shutterstock; **233** GlebStock/Shutterstock; **235** (T) Joe McDonald/Corbis Documentary/Getty Images, (B) Hero Images Inc./Alamy Stock Photo; **236** (T) Charles Wollertz/123RF, (B) Vchal/Shutterstock; **277** Paylessimages/Fotolia; **279** (T) Kiselev Andrey Valerevich/Shutterstock, (C) Mr. Ned Klezmer/Shutterstock, (B) IrinaK/Shutterstock; **280** (Bkgrd) Mikhail Zahranichny/Shutterstock, Good Shop Background/Shutterstock; **325** Ambient Ideas/Shutterstock; **327** (T) Chuck Pefley/Alamy Stock Photo, (B) Masterchief_Productions; **328** (B) (T) Will Hart/PhotoEdit, Christopher Villano/Image Source/Alamy Stock Photo; **331** B Brown/Shutterstock; **363** B Brown/Shutterstock; **367** B Brown/Shutterstock; **373** Es0lex/Fotolia; **375** (T) Christos Georghiou/Shutterstock, (C) Gilles Barbier/imageBROKER/Alamy Stock Photo, (B) Brian J. Skerry/National Geographic/Getty Images; **376** (Bkgrd) People Image Studio/Shutterstock, (T) Fashion iconography/Shutterstock; (B) Brandon Alms/Shutterstock; **429** Tonyz20/Shutterstock; **431** (T) Karin Hildebrand Lau/Alamy Stock Photo, (B) Richard Paul Kane/Shutterstock; **432** (T) CharlieTong/Getty Images, (B) Corey Rich/Aurora Photos/Alamy Stock Photo; **469** Klagyivik Viktor/Shutterstock; **471** (T) Felix Lipov/Shutterstock, (C) Skynesher/Vetta/Getty Images, (B) Stephen Vincent/Alamy Stock Photo; **472** (Bkgrd) Sergiy Bykhunenko/Shutterstock, Gino Santa Maria/Shutterstock; **505** Ant Clausen/Fotolia; **507** (T) Peter Bernik/Shutterstock, (B) Westlee Jay Appleton/Shutterstock; **508** (T) Samuel Borges Photography/Shutterstock, (B) Steven Hogg/Shutterstock; **557** Yurakr/Shutterstock; **559** (T) EFesenko/Shutterstock, (C) Franck Boston/Shutterstock, (B) Creeed/Shutterstock; **560** (Bkgrd) SuriyaPhoto/Shutterstock; Studio Kiwi/Shutterstock, **568** StudioSmart/Shutterstock; **605** Bonita R. Cheshier/Shutterstock; **607** (T) Angelo Ferraris/Shutterstock, (B) Tanawat Palee/Shutterstock; **608** (B) Naramit/Shutterstock; (T) Business stock/Shutterstock, **628** Lledó/Fotolia; **637** (R) Ivonne Wierink/Fotolia, (L) Karichs/Fotolia; **639** (T) Karamysh/Shutterstock, (C) Noxnorthys/Shutterstock, (B) Gabriele Maltinti/Shutterstock; **640** (Bkgrd) Bowie15/123RF, Koya979/Shutterstock